速読記憶術

1分1秒を争うあなたの学習効果が大幅にアップ!

ken wakasaki
若桜木 虔 著

すばる舎

はじめに

皆さんは、勉強が好きですか？　嫌いですか？

本書のようなタイトルの本を手に取る人は、おそらく勉強は嫌いだろうと推察します。勉強が嫌いだから、何とか手っ取り早くすませて受験に必要なことだけ効率よく記憶したい……。

そんな心理が働いているだろうと思いますが、それではなぜ、勉強が嫌いになったのでしょうか？

そのことを、ちょっと考えてみてください。

誰でも幼稚園とか保育園に通っていた頃は〝お勉強〟がものすごく楽しかったはずですが、いったい、いつの間に楽しくなくなってしまったのでしょう？

その理由は簡単です。勉強しても勉強しても、苦労に見合っただけの成果が得られなくなったからだろうと思います。

スポーツでも同じです。ハードトレーニングを積んで必死に練習しても、少しも上達しなければ、最初は好きだった種目でも、やがて意欲を失って、ひょっとしたら、嫌いになってしまうかもしれません。

スポーツで、練習しても練習しても上達しない場合は、たいてい監督コーチが下手で、与えられた練習プログラムが間違っているのが原因なのです。練習方法が正しくて普通の運動神経さえ持っていれば、誰でも地区大会で入賞するくらいのレベルにまでは到達するのです。

実は勉強も全く同じです。

勉強しても勉強しても苦労に見合っただけの成果が得られない理由は、勉強方法が根本的に間違っているからです。

勉強方法さえ正しい手順を踏めば、平均的な知能指数さえあれば一流といわれる大学も受かりますし、難関といわれる資格試験も合格できるのです。

本書では、いったいどういう勉強方法が正しいのか、皆さんに私の体得したノウハウを公開しようと思います。

ぜひ皆さんの受験勉強の効率化と記憶力増強に役立ててください。

二〇〇七年　五月吉日

若桜木 虔

#『速読記憶術』◉目次

はじめに……… 3

序章
一分・一秒を争うあなたの学習効果が大幅にアップする!

01 高学歴・高資格という日本社会のハードル 16
◇日本では高学歴・高資格が求められている……… 16
◇受験に伴う二つの重要ポイント……… 17
02 能力アップの最大ポイント=チャンキング 19
◇受験勉強の質はあげられる……… 19
◇速読術の一里塚――チャンキング……… 20
◇チャンキングの読み幅を拡大していく……… 22

03 脳もトレーニングによって鍛えられる 24
◇速読トレーニングもスポーツトレーニングも同じ……… 24
◇カルタ名人の広大な視野……… 25
◇内容の把握力を落とさずに文章を読む……… 27
◇広角度読書法は受験勉強の最大の武器……… 29

1章 速読すれば記憶力も増す

01 頭のよさと思われているのは単なる記憶力 32
◇記憶力さえよければ、高学歴は得られる……… 32
◇真に頭がいい人は非常に少ない……… 33
◇誰でも頭がよくなれる……… 34
02 速読術に対する、ごく一般的な誤解 36

◆文意の把握力が落ちる読み方は速読術ではない……… 36
◆役に立たない斜め読み速読術……… 37
◆把握力を落とさない速読術の読み方……… 39

03 〝視手〟を使う読み方を覚えよう 41
◆手の障害者は視線を指として使用する……… 41
◆視線は投網のように広げることができる……… 42

04 視野に関して気づかれていない常識の落とし穴 45
◆視野を広げて見るほど記憶の定着率はあがる……… 45
◆広角度視野＝記憶定着率アップの実験……… 46

05 広角度視野で読書するには、どうすればよいか 48
◆とにかく視野を広げてみよう！……… 48
◆視野を狭めてしまう元凶は音読教育にある……… 51
◆文字があるから記憶力は衰える？……… 52

06 文字に対する見方を根底から変える 54
◆アイヌの『ユーカラ』に記憶術のヒントが……… 54

◇なぜ私は優れた記憶力を得られたのか……55
◇頭の中に〝速読兎〟を飼おう！……57
◇条件反射を克服する難しさ……61

2章 速読記憶術への道を歩もう

01 ステップを踏んで能力を段階的に伸ばす　64
◇欲張らず、千里の道も一歩から……64
◇即席速効の速読術……68
◇受験においても歴史は繰り返す……69
02 ほんの少し、本の読み方を変えてみよう　72
◇速読術の第二ステップ——チャンクの拡大……72
◇二歩前進して、駄目なら一歩後退してみる……74

03 大脳を活性化させるためにやるべきこと 75
◇速読術の修得には副交感神経を活発化させる………75
◇個人差が大きい交感神経と副交感神経の作動………76
◇受験時のアガリ防止にも効果的な速読術の訓練………78
04 あなたの身近な場所に大脳活性化の教材が！ 82
◇失敗したら、焦らず原点に戻りましょう………82
◇歌詞カードも速読術のトレーニングになる………83
◇詩集でチャンキングのトレーニングを………85

3章 大脳を活性化し、記憶力を高める

01 今こそ小脳の時代から、大脳の時代へ 92
◇とりあえず目先の目標は初歩の速読術でクリア………92

◆潜在能力のワンランクアップに挑戦！………94
◆情報量が同じでも、読み方に個人差が現れる………98

02
直列処理から並列処理へ、大脳のスイッチを切り替える　100
◆読み取りブロックを複数行にアップ！………100
◆私たちの身近に見受けられる並列処理の実例………101
◆自分の目指す分野の基本語彙を脳裏に刻みつける………104
◆どんな分野であっても基本単語は二〇〇〜五〇〇個………107
◆基本単語のチャンキング教材を作成するのが速読記憶術の早道………111

03
並列処理から映像記憶へ　113
◆同時の複数行読みにチャレンジしてみよう！………113
◆複数行のまとめ読みができれば、記憶力も同時に向上している………118
◆記憶力のチェックをやってみよう！………119

4章 記憶力強化から、記憶術へ

01 単純な記憶力強化から、系統立った記憶術への道 124

◇文章内容をイメージ化して脳裏に思い描く……124

◇イメージ化することが記憶術の基本……125

◇情報量は多いほど記憶しやすい――現実は予測の正反対……126

02 イメージを糊として用いて情報を貼り合わせる 129

◇自家製の〝イメージ糊〟か、市販品を活用するか……129

◇記憶術の逆説――膨大なものほど一発で覚えられる……132

◇参考書は項目が連鎖方式で書かれているものを選ぶ……133

03 正しい方法によって鍛えられ、記憶術に昇華する 138

◇誰でも最初から記憶力がいいわけではない……138

◇とにかく体系立った文章で記憶するのが基本……139

04 理解不能な文章をどうやって記憶するか 146
◇難解で分からないほどイメージ化力が求められる………146
◇伝聞報告は直接体験に変換してイメージ化するのが記憶術の鉄則………149
◇間接体験を直接体験に変換するには元映像が必要となる………162

5章 就職試験、各種資格試験のための速読記憶術

01 どうやって一般常識問題に取り組むか 166
◇テレビもインターネットも大いに活用しよう………166
◇まずは日本文学史から………168
◇ブツ切り情報の記憶には語呂合わせを使う………171
◇ダイジェスト本で〝急がば回れ〟の手もある………172
◇四字熟語や難読漢字も頻出される………173

◆潜在能力を伸ばす秘訣は必要に迫られる状況に身を置く……174

02
潜在能力を引き伸ばすための基本原理 176
◆「心理的な必要性」と「物理的な必要性」は根本的に異なる……176
◆英語は和訳文と一緒に覚えるのがベスト……178

03
実戦、資格試験対策の記憶術へ 181
◆自主教材を作成してみよう……181
◆ベストの方法は丸写しにあり……182
◆手は外に出た脳である……183
◆パソコンやワープロで打ったほうが記憶は定着する……184
◆自分で四倍角教材を作成してみよう……185
◆大文字の教材ほど視野が拡大されて速読記憶術が身につく……188
◆パソコンのディスプレイ画面がそのままトレーニング教材に……189
◆一石二鳥の自主トレーニング教材作成……190
◆自主トレーニング教材の唯一の弱点……191
◆受験勉強の基本は「塵も積もれば山となる」にあり……192

◆努力に優る天才なし——は受験勉強にも当てはまる………193

04
記憶術マスターの秘訣は無理をしないこと 195

◆方向違いの記憶方法を排除しよう………195
◆忘却とは優れた自己防衛本能………196
◆語呂合わせ記憶術の弱点………204
◆資格試験必須の法律条文の語呂合わせ記憶術………205

装　丁…田中正人
イラスト…ツトム・イサジ
ＤＴＰ…山中　央

序章

一分・一秒を争う
あなたの学習効果が
大幅にアップする！

01 高学歴・高資格という日本社会のハードル

◆日本では高学歴・高資格が求められている

はっきりいって、日本は学歴社会、資格社会です。

高学歴で、難しい資格を持っていればいるほど豊かな生活が送れるように、社会の仕組みが構成されています。

つまり、国公立大であれ私大であれ、一流と評価されている大学を出る、あるいは司法試験、国家公務員試験、外交官試験、英検一級、宅地建物取引主任者試験などの難関試験を突破して資格を取得する等のハードルをクリアしなければ、世間一般の高い評価を得て豊かな人生を過ごすことは難しいのです。

誰でも多かれ少なかれ、受験勉強に取り組んで試験を突破する、という行程は踏まなければなりません。

その時に考えることは、誰でも同じでしょう。つまり「制限された時間内で最大の効率をあげるにはどうしたらよいか?」ということだろうと思います。

◇受験に伴う二つの重要ポイント

この「制限された時間内で最大の効率をあげる」の中の〝制限時間〟には、二つの大きなポイントがあります。

①受験勉強に費やすことのできる期間
②受験する試験自体の制限時間

この二つの難問が容易にクリアできないので、浪人を余儀なくされたり、夢を諦めなければならなくなったりするのです。

①の受験勉強に費やすことのできる期間は、他の人が半年で間に合わせるところを、一年かけてじっくり勉強する、あるいは、他の人が毎日二時間の受験勉強するところを四時間勉強する、といった方法でクリアすることができます。

かつて「四当五落」（睡眠時間が四時間の者は受かって、五時間の者は落ちる）などといわれたことがありました（現在でも一部ではいわれているかもしれませんが）。

要するに「受験勉強の質はあげられないので量でカバーする」という発想ですね。

ところが、この発想は②の問題——受験する試験自体の制限時間には対処することができないのです。

問題数が非常に多くて、普通のスピードで問題を読んで解答していったのでは制限時間がきてしまい、全問を解き終わらないうちに解答用紙を取り上げられてしまう、うっかりミスなどを読み返してチェックしている暇などない、といった状況ですね。

この②のタイプの難問に引っかかる人は、ほとんど半永久的に試験を突破することができないわけです。

ですから、どうしても受験勉強の質自体をあげ、試験問題を読むスピードをあげる、それでいて問題内容の把握能力は落とさない、という、一見したところ二律背反の要求をクリアしなければなりません。

しかし、本書で紹介する速読記憶術の方法をマスターすれば、決して不可能事でも難事でもないのです。

02

能力アップの最大ポイント＝チャンキング

◇受験勉強の質はあげられる

試験問題を読むスピードをあげれば、どうしても問題内容の把握能力は落ちる、というのが常識的な考え方だろうと思います。

しかし、それは内容把握能力を低下させずに、問題を読み進めるスピードを加速する訓練方法を知らないがゆえに陥る〝常識の罠〟なのです。

要領さえ掴めば、この技術と能力を会得するのは決して難しいことではありません。

最も基本的な原理は《チャンキング》です。

チャンクとは、文字群・単語群などの塊《かたまり》のことです。全く速読術や記憶術などの訓練を受けていない人でも、一文字ずつ文章を読んでいるわけではありません。

例えば、四字熟語はなじみのある言葉ならば一文字ずつに分解して考えたりせず、四文字全部をまとめてチャンクとして処理し、理解します。これが《チャンキング》です。

◇速読術の一里塚――チャンキング

私はミステリー作家なので、最初は皆さんが理解しやすいように、よくご存知のミステリーに題材をとってチャンキングの概念を説明することにしましょう。

横溝正史の最高傑作の一つ『獄門島』では、次の三つの俳句に基づいて〝見立て殺人〟が行なわれます。

鶯《うぐいす》の身をさかさまに初音かな（宝井其角《たからいきかく》）
むざんやな冑《かぶと》の下のきりぎりす（松尾芭蕉）
一《ひと》つ家《や》に遊女も寝たり萩と月（松尾芭蕉）

これらの俳句を皆さんは、どう読みますか？

「鶯・の・身・を・さ・か・さ・ま・に・初・音・か・な」と読むでしょうか？

いいえ、そういう読み方をする人がいたら、それは外国人か、外国生活が長くて日本語が

チャンキングとは

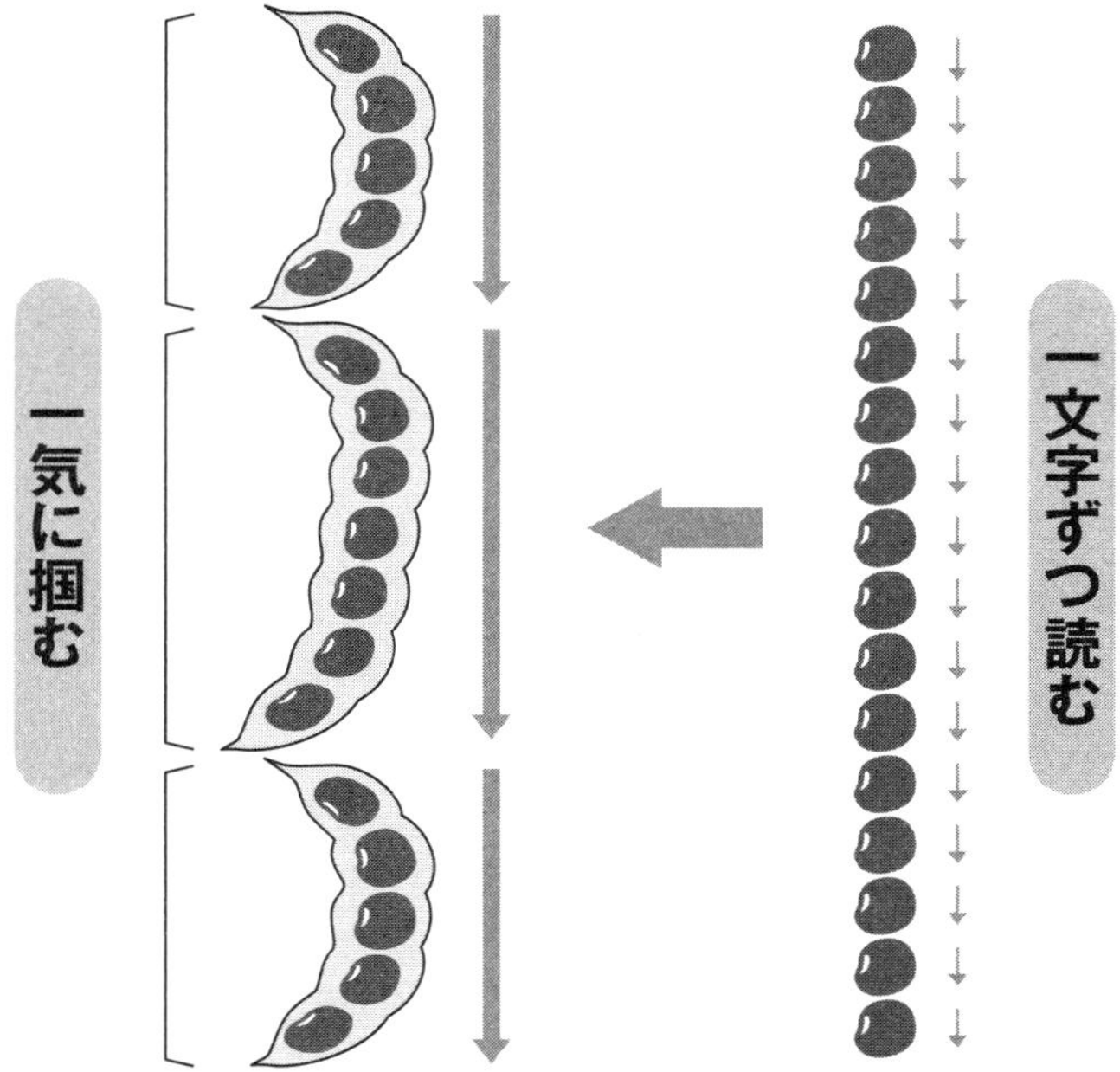

【通常のチャンキング】

……えんどう豆をサヤごと捉える

【ハイレベルのチャンキング】

……サヤの中の豆が増える→**視幅**を拡大する

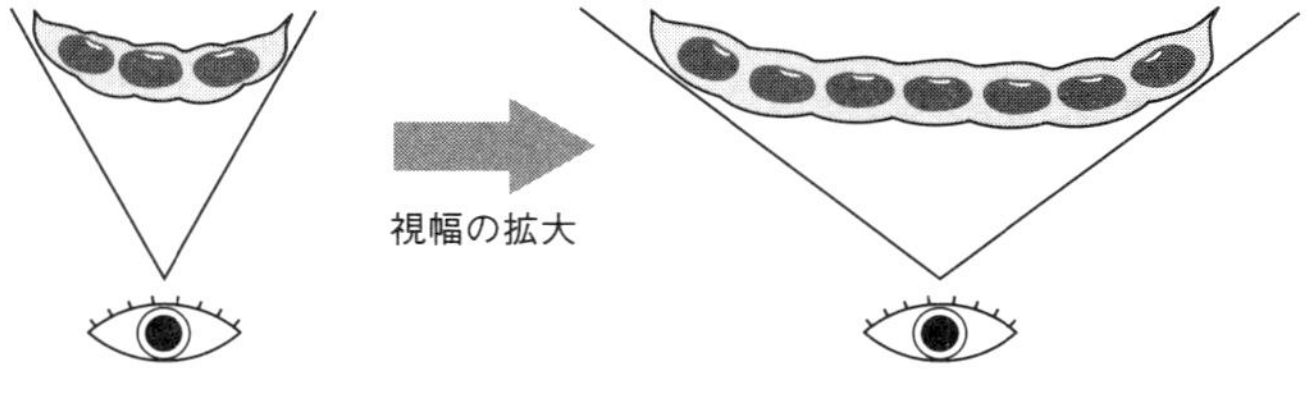

不自由な帰国子女だけでしょう。

大多数の人は「鶯の・身をさかさまに・初音かな」と五七五のリズム、あるいはもう少し細かい「一つ家に・遊女も・寝たり・萩と月」のようなリズムで区切って読むはずです。

これが通常レベルのチャンキングです。

◇チャンキングの読み幅を拡大していく

横溝正史には『悪魔が来りて笛を吹く』『病院坂の首縊りの家』といった長いタイトルの作品があります。

これは通常、どう読まれるでしょうか？

『悪魔が・来りて・笛を吹く』『病院坂の・首縊りの家』という具合に二分割あるいは三分割して読まれるだろうと思います。

それは、文字の読み取り幅（視幅《しふく》）を拡大する訓練をしていない人は、この九文字あるいは一〇文字という文字数をいっぺんに読み取ることができないので、どうしても分割せざるを得ないからです。

しかし、視幅というのは生まれながらに決まっているものではなく、訓練次第で拡張できる能力なのです。

例えば一流のサッカー選手は極めて広い視野を持っていて、一瞬でグラウンド内を見渡して的確に敵味方の選手の動きを把握し、パスを出したり、敵の背後に走り込んで味方からのパスを受けたりします。

一流のプロ野球のキャッチャーは、グラウンド上の味方の全選手の動きと、塁上の敵方ランナーの動きを同時に見渡すことができます。

また、一流の指揮者はオーケストラの全演奏者の演奏ぶりを同時にチェックできます。

ですが、こういう一流選手や指揮者も、生まれながらにそれだけ広角度の視野を持っていたわけではありません。長い間の訓練と実戦を経て段階的にそれだけの視野を獲得するに到ったのです。

ここに速読術マスターの、一つのキーポイントがあります。

03 脳もトレーニングによって鍛えられる

◆速読トレーニングもスポーツトレーニングも同じ

プロ野球の一流の右投手は、自分の左耳が見えるようになるといわれています。いうまでもなく、本塁を見ている状態で一塁走者の動きも同時にチェックするためです。いちいち一塁方向に首を回していたのでは、走者に牽制の動きを察知されてしまい、盗塁を阻止することができません。

これも、十数年にも及ぶ長い実戦経験を通じて視野が拡大されていった結果です。

私が青少年時代に取り組んだのは卓球ですが、下手な選手は敵の動きの全てを見ることができません。

卓球は非常にフェイントの利《き》く種目ですので、強くなるためには、敵のラケットの動き、腕の動き、肩の動き、目の動きなど、要するに敵の上半身の全てを同時に一瞬で見極めないと、フェイントを見破れず、あっさり逆コースを抜かれたりすることになります。

そういう見方も、長い間の練習と実戦の積み重ねで徐々に視野が拡大されていき、体得することができるのです。

文章を読んでいく場合の視幅も全く同じです。訓練を積むことでどの程度まで拡大できるかは個人差がありますが、おそらく一〇文字や一五文字は誰でも到達できます。

『獄門島』の見立て殺人の三句の俳句――「鶯の身をさかさまに初音かな」「むざんやな冑の下のきりぎりす」「一つ家に遊女も寝たり萩と月」は全て一五文字未満ですから、いちいち分割しなくても一瞬で読み取れるようになります。

◆カルタ名人の広大な視野

文字を読み取る視幅に関しては、百人一首の三十一文字《みそひともじ》が、一つの典型としてあげられるでしょう。

ちょっと何例か、有名な和歌をあげてみます。


春すぎて夏来にけらし白妙の衣ほすてふ天の香具山（持統天皇《じとうてんのう》：二三文字）

あしびきの山鳥の尾のしだり尾のながながし夜をひとりかも寝む（柿本人麻呂《かきのもとのひとまろ》：二九文字）
田子の浦にうち出でてみれば白妙の富士の高嶺に雪は降りつつ（山部赤人《やまべのあかひと》：二八文字）
奥山に紅葉踏みわけ鳴く鹿の声きく時ぞ秋は悲しき（猿丸太夫《さるまるだゆう》：二三文字）
天の原ふりさけ見れば春日なる三笠の山に出でし月かも（安倍仲麿《あべのなかまろ》：二五文字）
ひさかたの光のどけき春の日に静心なく花の散るらむ（紀友則《きのとものり》：二四文字）
いにしへの奈良の都の八重桜けふ九重ににほひぬるかな（伊勢大輔《いせのたいふ》：二五文字）

仮名書きすれば三一文字になりますが、漢字が混じるので大多数が二五文字前後になります。

百人一首のカルタ取りが上手な人は、これだけの文字数を順番にではなく、一瞬で全部を読み取れるわけですね。

これだけの文字数をいっぺんにまとめ読みが可能になると、どうなるか。

二段組のハードカバーの小説（一段が二五文字）や新書版のノベルス（一段が二二文字）を、視線を上下に動かすことなく、横一直線に動かすだけで読み取れてしまうのです。

◆内容の把握力を落とさずに文章を読む

横一直線に視線を動かすだけで読んでいったら、おそらく内容の把握力は大幅に低下するだろうと普通の方々は考えるでしょう。ですが、そんなことはありません。

私は商売柄、大量の小説と資料を読みますが、二段組印刷のものを好みます。それは、この〝一段横一直線読み〟が容易にできるからです。

二〇〇ページ程度の本であれば楽に一時間で読破することができて、しかも内容をきっちり記憶しています。

私は小説家を養成する講座を文化センターや通信添削で受け持っていて、大勢の受講生を指導しなければなりません。

生徒さんの作品を読まなければならないのは無論のこと、商業出版されている作品は、片端から読破していく必要があります。

新人賞を狙って作品を応募しようという場合、少しでも既存作品と似通っていると「独創性がない」、最悪の場合には「剽窃《ひょうせつ》している」と見なされて落とされます。

生徒さんは自分の応募するジャンルの作品しか読みませんが、私は生徒さんの作品が多岐にわたっているので、全ジャンルの作品を読破して、少しでも類似性があれば、的確に

“一段横一直線読み”の視線の動き

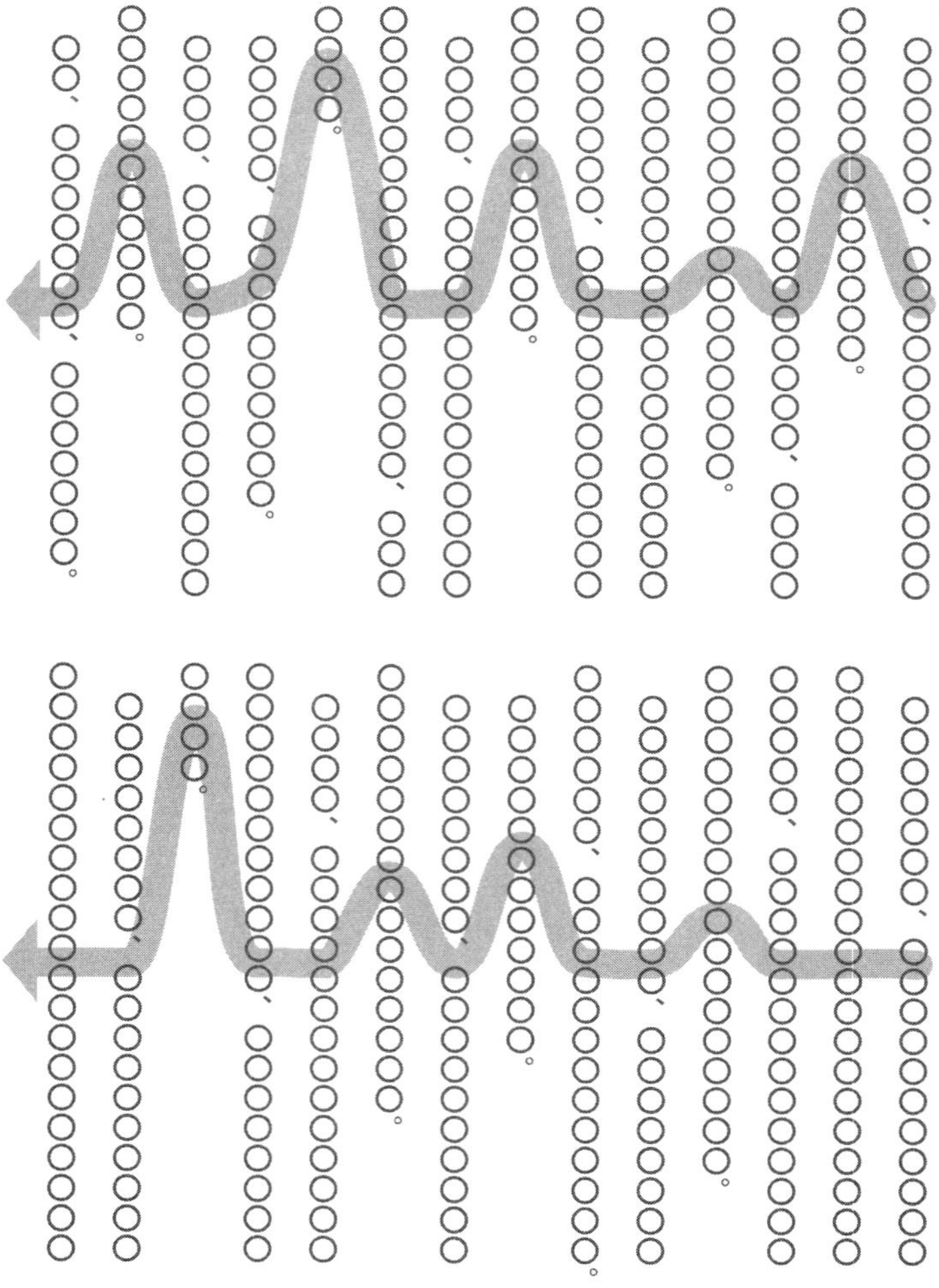

指摘して方針転換を指導しなければなりません。

きっちり内容を把握し、その記憶を何年間も脳内に留めておかなければ役に立ちません。内容の把握が曖昧になって記憶にも残らないような読み方では何の役にも立たない、ということが、これで理解いただけただろうと思います。

◆広角度読書法は受験勉強の最大の武器

チャンキングによって文字の読み取り幅を拡大しつつ、内容の把握力を落とさない。いうなれば〝広角度読書法〟が受験勉強に非常に役立つ、ということが薄々ながら分かってきたのではないでしょうか。

いっぺんに読み取る文字数を増やすことで、読書スピードは何倍にもあがります。三文字ずつ読んでいた人が二一文字の一段読みが可能になれば、それだけで読書スピードは約七倍です。

速読術で読書スピードが何倍にも上達する、という話を聞いただけで「そんなに速くなるわけがない。インチキくさい」と思ってしまう人は、いっぺんに読み取れる文字数は訓練次第で増やせる、という事実を知らないので〝従来と同じ読み方をする〟という先入観に惑わされているわけですね。

受験勉強している時に、参考書や問題集を読んでいくスピードもあがれば、受験本番で問題を読むスピードもあがります。

「時間切れで全問を解くことができなかった」「一応は最後までいったが、読み返す時間がなくて、ケアレスミスを犯してしまった」「焦って問題文を読んで、設問の趣旨を取り違えた」などという痛恨の事態に遭遇する危険性も、速読術の訓練を積んでおくことで相当程度まで回避することが可能になるのです。

また、精神的に余裕が生まれますから、まず、アガることがありません。アガりにくくなる理由には、ちゃんと医学的な理由も存在するのですが、そのことについては2章で詳述します。

科学的根拠に基づいて編み出されたからこそ、私の提唱する速読記憶術は大多数の人が容易に修得できるのです。

それでは具体的に、どのように視野を拡大してチャンキングを行なうか、また記憶の定着率を現状維持ではなく、もっと高めていくかに関して、以降の章で詳述していくことにしましょう。

1章

速読すれば記憶力も増す

01 頭のよさと思われているのは単なる記憶力

◇記憶力さえよければ、高学歴は得られる

私は東大で博士課程まで出ていますから、よく「頭がいい」といわれますが、全然そんなことはありません。単に記憶力がいいだけの話です。

記憶力さえよければ、ほとんどの試験はパスします。私は試験で落ちた失敗が、ただの一度もありません。たいして頭もよくないのに、です。

その証拠に私は東大受験の時には、担任から「受けて落ちるのは君の勝手だ」といわれ、大学院受験の時には、指導教授からあきれられ、無言でにらまれました（いずれも、とうてい受かるような成績ではなかったので）。

それでも悠々と合格しました。試験時間が余って暇を持て余したほどです（入試では、他の受験生に動揺を与えるという理由で途中退席が認められていませんでした）。

一発合格は、ひとえに並外れた記憶力の賜物《たまもの》です。ですから本書で、その記憶力の強化法の一端を公開しよう、というわけです。

真の意味で「頭がいい」とは、例えば発明王エジソンのように、古くはレオナルド・ダ・ヴィンチのように、独創性に優れていることでしょう。

そういう点で、真に頭がいい学生が東大生の中でどのくらいの比率を占めているかといいますと、一学年に四〇〇〇人近くもいる中で、一〇〇人とはいません。せいぜい一〇人前後の少数です。

他の圧倒的大多数は、私と五十歩百歩の〝似非《えせ》秀才〟で、単に記憶力がいいがゆえに東大に入り、難関の資格試験や国家公務員試験をパスして世に出ていって、日本の社会を動かす中軸頭脳の役割を担うのです。

◆真に頭がいい人は非常に少ない

記憶力がいいと、前例があること、マニュアルが存在するものに関しては、それにならって物事を処理すればいいわけですから、簡単です。

大学入試にしても資格試験にしても、過去問がすなわち前例ですから、記憶力さえよければやすやすと突破してしまいます。

ところが、前例がない場面に遭遇すると、いくら記憶力がよくても、何の役にも立ちません。何が正解なのか、参考書もなければ、解答集がついていることもないからです。

そこで何がベストか分からず、あたふたと慌てふためいた挙げ句に、ロクな対策を打ち出さなかったり、あるいは最悪の場合は、他セクションにたらい回しにするだけで何もせずに放置して、責任逃れをします。

こうやって考えると、厚生省（現：厚生労働省）や建設省（現：国土交通省）、文部省（現：文部科学省）の東大出の役人たちが、どれほど過去の歴史において拙劣な行政（医療・治水工事・教育）をやって大失敗をしたかを振り返って「そうか！　あの悲惨な事件は、そういう事情だったのか！」と納得して膝を打っている人も、おられるのではないでしょうか。

◇誰でも頭がよくなれる

単に記憶力がいいだけで、頭がいいように思われていた人は、その記憶力が通用しない場面に遭遇すると、実は頭がいいどころか、本当は臨機応変の応用力に欠如していて頭が悪いのだ、という馬脚を現してしまいます。

ところが周囲からは、幼時からずっと頭がいいと思われてきましたから、今さら本当は頭が悪くて、応用力がないのだと正直に自分の弱さを認め、さらけ出すことなど恥ずかしくてできません。何とか誤魔化して、やり手の秀才であるかのように装い続けようとするがために、いよいよ悪い結果を出して周囲に迷惑をかけることになります。

東大では入学早々の五月になると、五月病といわれる疾患で一割ないし二割近くの学生が多かれ少なかれ精神に変調をきたします。

これなども、ほんの一部だけ存在する〝真の秀才〟の実態を目の当たりにし、どういう努力をしようが絶対に追いつけないことを否応なしに思い知らされることが原因だと〝東大落ちこぼれ族〟の私などは考えています。

真の意味で頭がよくなることは、素質の問題もあるので不可能に近いですが、世間一般の感覚でいうところの〝頭がいい〟人物になって〝真の秀才〟に太刀打ちする程度のことは記憶力を鍛えることで、誰でもできます。

実は速読術は、記憶力強化の極めて有効なトレーニング手段でもあるのです。

02 速読術に対する、ごく一般的な誤解

◇文意の把握力が落ちる読み方は速読術ではない

ごく普通の皆さんが速読術に対して抱いておられるイメージは「読むスピードをあげて速読すればするほど、内容の把握力は落ちる。記憶力も低下する。だから、とにかく読んだ内容を覚えて、記憶に定着させることが最大目的である受験勉強には役立たない」というものです。

そうではない、ということを納得していただくために、理解しやすいような例をあげることにしましょう。

ここに大量のピンポン球がある、とイメージしてください。例えば風呂桶ぐらいの容器一杯にピンポン球が入っているとします。

それを両手に三個ずつ掴んで、小箱に箱詰めしていきます。この三個のピンポン球が、

序章で述べたところのチャンク（意味のある文字群）です。

◆役に立たない斜め読み速読術

おそらく普通の皆さんが考える速読術は、腕を動かすスピードを何倍にも加速し、一度に掴むピンポン球の数は三個のまま変えないで、容器から掴み出して箱に詰めることです。

本の読み方だと、斜めに雑に読む読み方ですね。

そうなると、どういう現象が起きるでしょうか？

ピンポン球を掴みそこねて、ぼろぼろ手から落ちます。容器から出したのに箱に入らないピンポン球が、どんどん増えていきます。下手をしたら、箱に入るピンポン球よりも、こぼれ落ちるピンポン球のほうが多いかもしれません。

ピンポン球を詰めようとしている箱が、つまり脳に定着する記憶です。いくら詰めても、それ以上に落としたり弾き飛ばしたりして床に溢れるピンポン球が増えたのでは、話になりません。

床に転がったピンポン球を拾い直して箱に詰めていたら二度手間になって、かえって普通に詰めているよりも遅くなる場合さえ考えられます。だから「速読術なんか受験勉強に

把握力を落とさない読み方とは

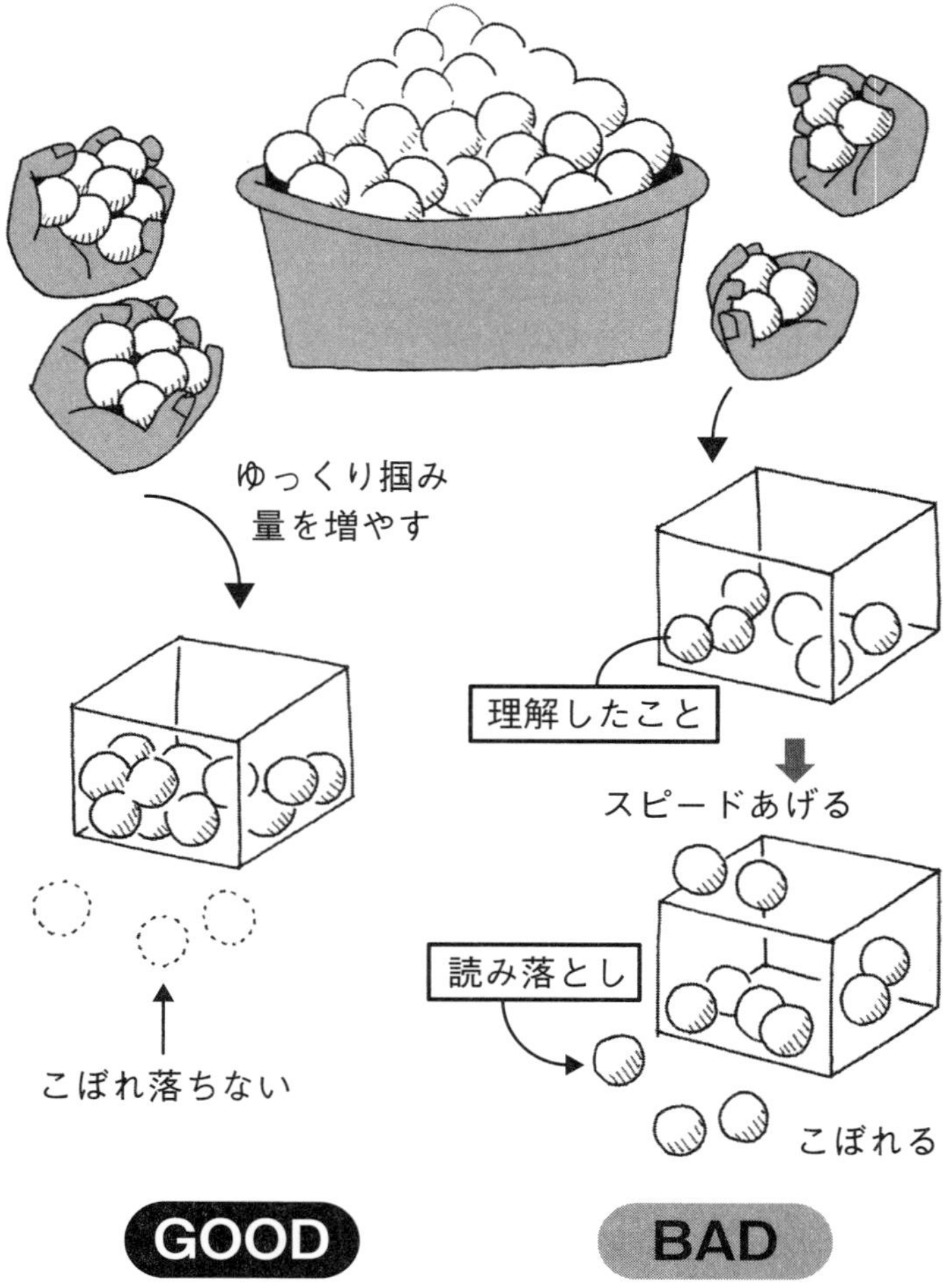

は役立たない」という誤解が生まれてしまうわけです。

◇把握力を落とさない速読術の読み方

速読術の読み方は、前述のピンポン球を拾って箱に詰める例でいうなら、腕を動かすスピードは変えないで、一度に掴むピンポン球の数を三個から五個に、七個に、一〇個に……と増やしていく読み方なのです。

指の長さを伸ばすことはできません。ですから、本物のピンポン球だったら、いっぺんに掴めるのは五個ぐらいで限界に達してしまうかもしれません。

ですが、速読術の場合のピンポン球は、チャンクという目に映る文字群ですから、視野を広げるトレーニングを積むことによって、徐々に増やしていくことが可能です。

文字を読む目の動き、視線が手のような広がりを持つ、とイメージしてみてください。これを仮に〝視手《ししゅ》〟とでも名づけましょうか。

速読術で文章を読む場合には、この〝視手〟をガバッと大きく広げて、できるだけ多くのチャンクを掴み取るようにして読み取るのです。

時々スーパーのお菓子売り場の企画などで〝掴み取りサービス〟が行なわれることがあ

りますね。とにかく同じ値段で、掴み取っただけの菓子を買い取ることができます。手の大きい人、指の長い人が得をする企画ですが……。

そんな感じで、目に映ったページの文字群を〝視手〟で一気に大量に掴み取って、大脳の記憶を司《つかさど》る部分（前頭前野にあります）にリレーすることで、いったん短期記憶として留めるのです。

『スパイダーマン』という〝蜘蛛男〟の人気映画がありますが、文字群を投網《とあみ》か蜘蛛の糸でも投げ掛けるようにして絡め取り、それを大脳の中に引っ張り込むシーンを、繰り返しイメージしてみましょう。

スポーツでは、実はイメージトレーニングというのは非常に有効なテクニック上達法なのです。

のんべんだらりと無目的にハードトレーニングを積んでも、基礎体力は向上しますが、テクニックはそれほど上達しません。

一流のプロ野球選手やプロボクサー、レスラー、オリンピックに出るような各種競技の一流選手は必ずイメージ・トレーニングを行ないますが、速読術も全く同様なのです。

03

〝視手〟を使う読み方を覚えよう

◇手の障害者は視線を指として使用する

最近はコンピュータ技術の発達で、例えば難病で手が動かせないとか、不幸な事故で手を失って文字を書いたりキーボードを打ったりすることができない人が、パソコンのディスプレイ上に表示されたキーボードの打ちたいキーを目で順繰りに見ていくだけで文章が打てる、という画期的なシステムが開発されました。

つまり、視線に手の役割を代役として果たさせることができるようになったわけですね。でもこれは、正確には〝手の代役〟ではなく〝指の代役〟です。

ワープロやパソコンに不慣れな初心者は、両手の十指をフルに駆使して速射砲のように打つことができません。指一本だけを使って、ぽつんぽつんと五月雨《さみだれ》的に打つことしかできません。

前述の体が不自由な方がパソコンのディスプレイ上のキーボードを見て打っていく方法も、五月雨的ですね。でもこれは、入力作業ですから致し方ありません。

両手を速射砲のように駆使してブラインドタッチで打っていく能力を持っている熟練者も、決して複数のキーを同時に打っているわけではありません。キーを打つ間隔が訓練によって極めて短時間に短縮されているに過ぎないのです。一つずつ順番に打っていくことは、入力作業の性質上、どうしてもやむを得ないのです。

◆視線は投網のように広げることができる

しかし、読む場合は違います。皆さんがものを見る際の視線は、実は視線ではなく〝視《し》面《めん》〟なのです。個人差はありますが、かなりの領域の広がりを持っているのです。これを活用しない手はありません。

先ほどの、手の動きが不自由な方が視線を指に変えてディスプレイ上のキーボードを打っていく例から連想して、「自分の視線がものを掴み取る能力を持った手に変わっていく」とイメージしてみてください。

先ほども述べましたが、このイメージ作業を何度も何度も繰り返して行ない、その感覚を脳裏に刻みつけてください。

文字を読む、文章を読むとは、つまり文字が書かれたカードなり積み木なりを、視線から変えた〝視手〟によって掴んで拾い上げ、大脳前頭葉という箱に整理して入れていく作業にほかなりません。

まだヨチヨチ歩きの幼児に言葉を教える時に、文字が書かれたカードや積み木ブロックを使いますね。あのイメージです。

実際には目で見るだけで、実体のあるカードや積み木ではありませんから、いくらでも拾い上げて脳に入れていく（記憶する）ことができます。

この時に〝視手〟をできるだけ大きく広げ、指を長く伸ばして、可能な限りたくさんのカードなり積み木なりを拾うようにします。

最終的には〝視手〟を投網のように広げ、本のページ全体に印刷されている文字群《チャンク》を、ごっそり根こそぎ絡め取ってしまうような見方をします。

こういう見方をすることで、実は単純に記憶力というのは強化されてしまう性質を持っているのです。

なぜなら、記憶力というのは、イメージ力と、ほとんどイコールだからなのです。

視線は投網のように広げる

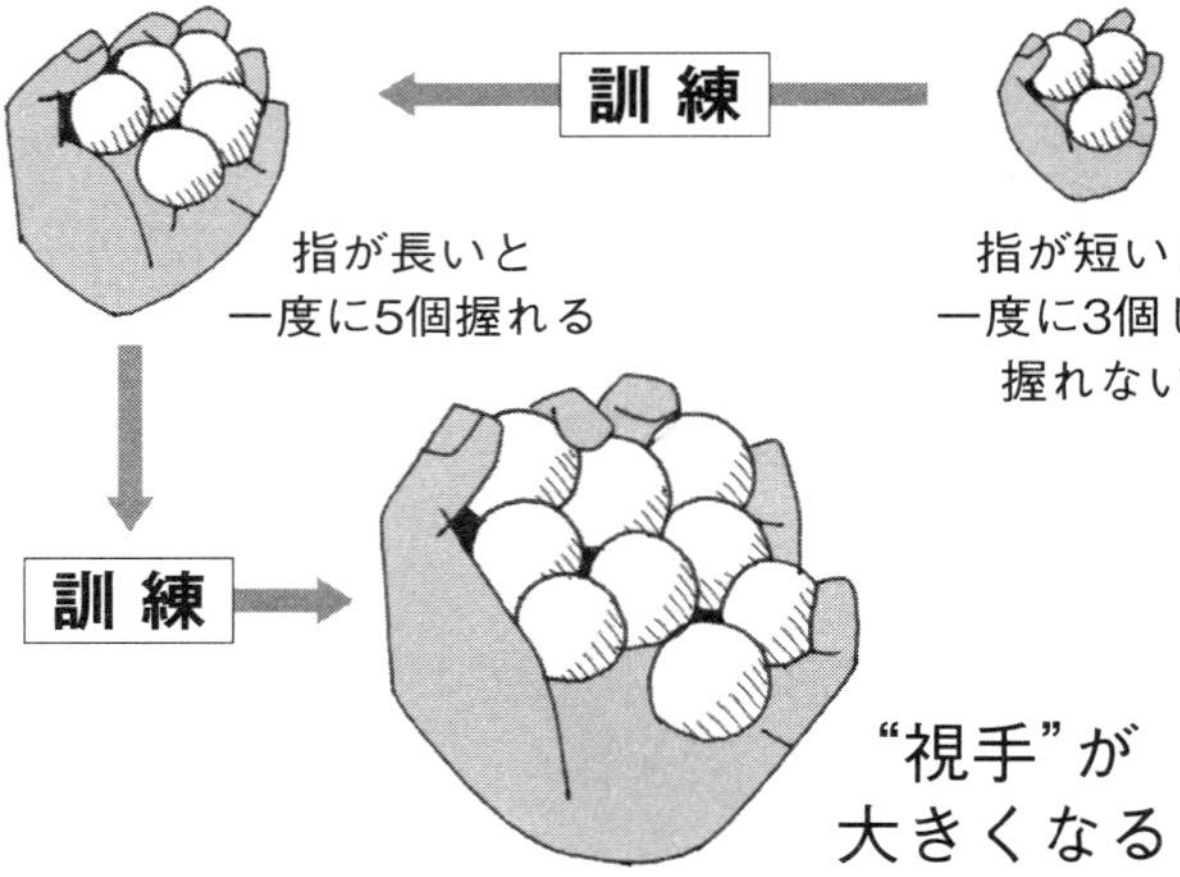
指が短いと
一度に3個しか

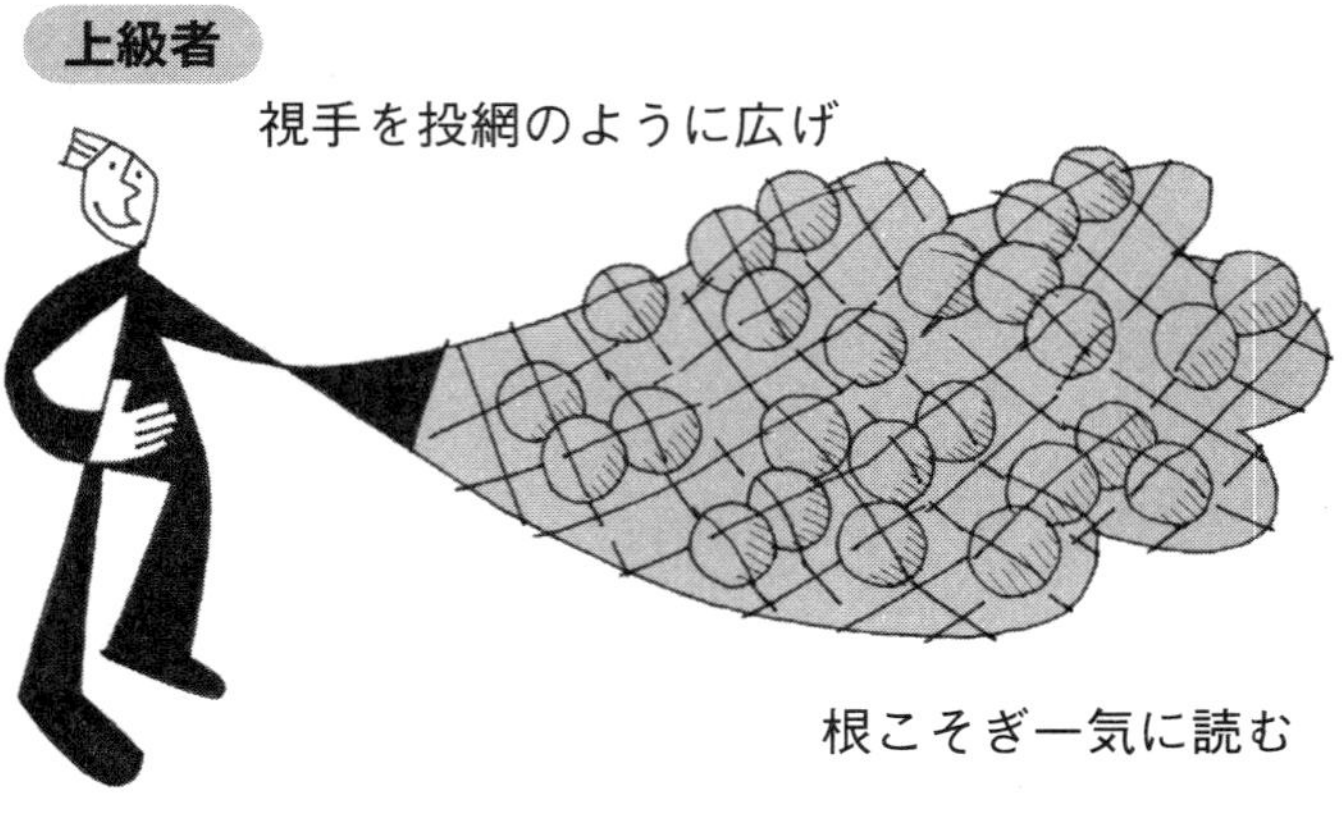

04 視野に関して気づかれていない常識の落とし穴

◇視野を広げて見るほど記憶の定着率はあがる

ここで、視野は広げれば広げるほど記憶の定着率はあがる、ということを身近な事例から検証してみることにしましょう。

皆さん、ちょっと学生時代のことを思い返してください。まだ大学生だ、という人は、小学校や中学校時代のことを思い返してください。

学校の正門や校舎の様子は脳裏に蘇ってきましたか？　担任の先生や、クラスメイトで親しかった生徒の顔は蘇ってきましたか？

思い出せたでしょう。それでは今度は、記念アルバムの写真を思い出してください。卒業記念写真、修学旅行の団体撮影の写真、運動会の記念写真。どうです、思い出せましたか？

これもはっきり思い出せたという人は、よほど記憶力が優れている人です。たいてい、学校の様子や先生、友人の顔は思い出せても、写真となると、さっぱり思い出せないものです。

その理由は、学校の情景は広角度で見ているのに対し、写真は小さいので、どうしても狭角度で見ているからです。写真がモノクロだったら、さらに思い出せる確率は低くなります。

学校の情景は広角度の上にフルカラー。情報量が大きいです。情報量が大きいものほど記憶への定着率は高くなるのです。ここに記憶力強化の根幹ポイントが存在します。

◆広角度視野＝記憶定着率アップの実験

「学校の情景や先生、級友の顔は何度も繰り返し見ているから覚えているのだ。記念写真は見る頻度が少ないから覚えていないのだ」という人がいるかもしれません。

そうではない、ということの証明のために、次のような実験を行なってみましょう。

近所の美術館に出かけてください。その時、展示されていない絵を紹介した絵葉書かカタログを一緒に買い求めてきてください。それで、絵葉書とカタログを、実際に展示されていた絵と同じくらいの時間、じっくり眺めてください。

それで一晩置いて、翌日、現物を見た絵と印刷物だけでしか見なかった絵を脳裏に再現してみてください。現物を鑑賞した絵のほうが遙かに克明に思い出せることに気がつくはずです。

美術館が近所にない人は、代替手段として、映画を見に映画館に出かけてください。また、それと別の映画をＤＶＤなりビデオなりを小画面のテレビで再生して見てください。それで、やはり一晩置いて、どっちの内容がよく記憶に留まっているかをチェックしてみてください。

映画館で見た映画のほうが遙かに克明に細部まで思い出せることに気がつくはずです。同じくらいの面白さの映画だったら、という付帯条件が必要ですが。

このように、何か物事を見る場合に、強く明瞭に記憶に留めようと思ったら、視野を広角度に保つというのは、絶対に必要なことなのです。ワイド画面のテレビが人気がある理由の一つも、そのほうがよく内容を覚えていられるからかもしれません。

05

広角度視野で読書するには、どうすればよいか

◆とにかく視野を広げてみよう!

ここで、絵葉書を一枚、用意してみてください。観光地の名所を紹介したような、全面に写真印刷された絵葉書です。別に新品でなく、誰かから届いたもので構いません。

とにかく、できるだけ細かな景色が写っている絵葉書がよく、風景写真でもだだっ広い砂丘の写真などは避けてください。

絵葉書が見当たらない人は、旅行会社のパンフレットの観光地紹介写真でも構いません。それを葉書の大きさに切り抜いてください。

用意できたら、手に取って眺めてください。全体がはっきり見えますか?　あまり目が悪くなければ、見えるはずです。

実は、葉書の大きさというのは文庫本の大きさです。それから、四六判のハードカバー

の本があったら、広げて手元の絵葉書を押し当ててみてください。ぎりぎりで、活字部分が全て隠れてしまうはずです。

つまり、絵葉書の全体がいっぺんに見られるのだから、理屈では、同じ面積である本の一ページを、いっぺんに丸ごと読み取れるはずですね。

できるだけ細かな図柄の絵葉書を、と指定した理由も、これでお分かりいただけたはずです。

「いや、そんな具合にうまくいくわけがない」などと最初から決めつけないで、ちょっと試してみましょう。次に載せている文章は、拙著『修善寺・紅葉の誘拐ライン』（二〇〇四年度『週刊文春』が選ぶ年間ベスト・ミステリー第九位）の冒頭部分です。

ひょっとしたら、一目でページ全体が見渡せて、どんなストーリーなのか、読み取れてしまうかもしれませんよ。

プロレスラーの初代タイガーマスクは頭の中で新しい技を思いついたら、イメージしただけで、たった一日か二日の練習でマスターできたそうです。タイガーマスクこと佐山聡《さとる》は格闘技の天才ですが、速読術にも、そういう希有《けう》な天才がいる可能性は否定できません。

『宿泊客の子供を誘拐した。身代金は一億円。警察には知らせるな。《伊豆の踊子》より』

いつものように新井旅館の第七代目女将の森桂子が出勤してパソコンを立ち上げ、メール・ボックスを開くや、真っ先に飛び込んできたのがこのメールである。

最初「悪い冗談だ」と桂子は思った。

修善寺温泉で最も伝統と格式を誇る新井旅館は、《国の登録文化財の宿》としてホームページを開設しており、ここには宿泊予約用のメール・アドレスも載っている。だから、出勤したら真っ先にメール・ボックスを開くのがいつもの習慣で、広く一般に公開している以上は悪意のある者が悪戯メールを送りつけることも不可能ではない。

が、五秒、十秒と、徐々に時間が経つにつれて、「ひょっとして、これは現実に事件が起きているのでは」という不安感が、じわじわーっと込み上げてきた。

心当たりがあったのである。

新井旅館では最も宿泊料金の高額な、ホテルならスイート・ルームに相当する吉野の棟の吉野の間に、親子の三人連れが泊まっていた。

宿泊料金は一人につき一泊六万円、三人トータルでは十八万円プラス消費税および入湯税で、十八万九千四百五十円となる。

◇視野を狭めてしまう元凶は音読教育にある

どうです？　いっぺんにページ全体を読み取れましたか？　読み取れるわけがありませんね。これが読み取れるのは、速読術の訓練を受けた、それも相当にハイレベルな熟達者です。

では、絵葉書なら全体が無理なく見渡せるのに、なぜそれが文字に切り替わった途端に、全く同じ面積であるにもかかわらず、読み取れなくなってしまうのでしょうか？

これは、極めて長期間にわたって叩き込まれた、一種の〝条件反射〟なのです。ちょうど〝パブロフの犬〟のような。

どういうことかといいますと、条件反射の発端は、皆さんが初めて字の読み方を教わった幼児期にまで遡《さかのぼ》ります。文字は、さらには文字の集合体である文章は、声に出して読むことで覚えます。

小学校の授業では、先生が生徒に教科書を音読させながら進めるのは当たり前の話ですし、英語などの語学の授業になると、高校や大学でも、なお音読させる手法を採用しているところが決して珍しくありません。

この音読を続けている間に、相当な個人差はあるのですが、多かれ少なかれ、視野の絞り込み現象が起きます。

◇文字があるから記憶力は衰える？

前のほうで、キーボードで文章を打つ場合には一度に一個のキーしか打てない、どれほど熟達して速射砲のように打てる人であっても、いっぺんに複数のキーを打つことはない、と述べました。

下手をして複数のキーを同時に打つと、パソコンの場合にはフリーズして動かなくなるアクシデントが起きかねません。

口に出していう場合も全く同じです。たとえ競馬の実況中継のアナウンサーのような早口言葉の達人であろうとも、いっぺんに複数の言葉を発することはできません。一文字ずつ順番に読んでいく以外にないのです。

ですから、一分間に八〇〇文字ぐらいを読むのが上限になります。普通の人では一分間に四〇〇～五〇〇文字程度が、せいぜいでしょう。

腹話術の達人ですと、いっぺんに複数の人間が喋っているように装う芸当を見せますが、これも決して同時に喋ってなどいません。

そうすると、現時点で発声して読んでいる文字以外の文字は、見る必要がなくなります。脳であれ手足であれ、生物というのは「不必要なことはやらない。やらない機能は衰える」という性質を持っています。

光のささない環境で棲息している生物が盲目になる、あるいは視力が著しく減退する、といった現象が典型的な例ですね。これが無生物の機械であれば、機能が消失することはありません（錆びついて動かなくなることは、ままありますが）。

この生物特有の性質のために「現時点で読んでいない文字は見ない」＝「文字を見ると視野を絞り込む」という現象が、条件反射として身についてしまうんですね。そうすると、美術館や映画館の例で述べたように、大脳が本来ならば持っている潜在能力に蓋《ふた》をすることになって、記憶の定着率が低下するのです。

記憶力をあげるためには、ひたすら視野を拡大しなければなりません。

広角度視野を持っている例としてプロ野球の一流のキャッチャーを序章で例にあげましたが、古田敦也監督や野村克也監督は、まるでプロ野球の〝生きたデータバンク〟のような記憶力を持っていることで知られています。

古田監督はテレビの記憶力を競うクイズ番組でも、楽々と優勝してみせました。

06 文字に対する見方を根底から変える

◇アイヌの『ユーカラ』に記憶術のヒントが

文字を持たないアイヌ語の叙事詩『ユーカラ』には、何日も費やして語られる長大な物語が存在します。

なぜ、文字が存在しないのに、そんな途方もなく長い物語を記録し、残すことができたのだ、と一般的には考えがちです。

ですが、実際には文字が存在しないがゆえに視野の絞り込み現象が起きず、したがって記憶の定着率を引き下げるマイナス要因が存在しないので、長大な物語を記憶できたんですね。

あとは『ユーカラ』のような物語は語り聴かせるために朗々と詠唱しますし、物語内容も情景としてイメージしやすいものです。

この「音声＋情景」の〝複合イメージ〟によっても記憶の定着度は格段にアップするのです。

文字が存在しない場合の弊害は、記録者が不慮の事故や不意の急病などで死んでしまった場合に、それを後継者に語り伝える時間的な余裕がなく、そこで途絶えてしまうことなのです。

こと記憶力の強化に関しては、文字が存在することは、実はマイナス要因にしかならないんですね。

速読術と記憶術のためには、文字という記録媒体に対する見方を根底から変革する必要があるんです。

◆なぜ私は優れた記憶力を得られたのか

ここで、なぜ私が記憶力に優れているのかの打ち明け話を一つ。私は幼児期から、とにかく大量に読書をする子供でした。

祖父も父も物書きで、家には大量の蔵書があったから、という環境のせいもあるのですが、絶対に読み切れないほどの本が存在するので、片端から読んでいこうとすると、どうしても読み方は速くなっていきます。

学校で音読をさせられる時も、おそらく私の読み方は、かなり他の生徒とは違っていたと思います。

私の場合、目で読み取っている文字と口で発声している文字は同じではないのです。目は、発声している文字よりも遙かに先の位置の文字を読み取っていました。

読み取った文字を、いったん脳に映像として記憶してしまい、口に出して発声するのは、その映像記憶として留められた文字、というワンクッションを置いた読み方です。つまり目は、さっさと読むべき文字を読んでしまい、口は先行している目を懸命に追いかける、という読み方ですね。

だから私は、目が先に読み取ってしまっているので、数行分くらいの文章でしたら、目を閉じても朗読を続けることができます。

テレビのベテランアナウンサーも同じことをやっています。ちらっと原稿を見ただけで記憶してしまい、数行分をカメラ目線で喋り続けることができます。

しかし、新人アナウンサーは、それができません。頻繁にカメラ目線と手元の原稿を往復させるので、非常に見苦しい醜態をさらけ出すことになります。そういう場面は、皆さんも何度となくテレビを通して目撃しているはずです。

目は兎であり、口（音読）は亀です。亀が全ての足を引っ張っているんですね。

◇頭の中に〝速読兎〟を飼おう！

速読術の秘訣は端的にいって、鈍足の〝音読亀〟をお払い箱にしてしまい、兎だけを頭の中に飼うことです。そうすることで自動的に記憶力も鍛えられ、別に系統立ったトレーニングを積まなくても、一種の記憶術として身につくのです。

第一歩としてやることは「とにかく音読をしない」です。

さあ、ちょっと振り返ってみてください。皆さんは本を、あるいは新聞を読む時に、音読していませんか？

いくら何でも、学校の授業で先生に指名されて教科書を読んでいる時のように大声を出して読んでいる人は、いないでしょう（まれにいるかもしれませんが）。

それでも、大多数の人は小声で呟きながら読んでいたり、頭の中で密かにモノローグ的に声に出して読んでいる（実際に声には出さないが、意識としては音読している）〝疑似音読〟をしているはずです。

音読亀と速読兎

そうすると、あなたは亀の甲羅の上に乗って進んでいる状態になってしまいます。この状態では、たとえ黙読したとしても、せいぜい分速一〇〇〇文字程度のスピードでしか読むことができません。

さあ、亀の甲羅から兎の背中に乗り換えましょう。文字は、見るだけで理解し、音読も疑似音読もしないように取り組んでみましょう。

この意識を持って実行するだけで、読書スピードは一気に加速して速読術の域に達します。実際、この方法論を私から聞いただけで、たった三〇分で速読術をマスターしてしまった人が存在するのです。

速読術における、タイガーマスク級の天才ですね。

それでは先刻の『修善寺・紅葉の誘拐ライン』の続きの文章を読んでみましょう。一足飛びに一ページのまとめ読みができるようになるわけがありませんから、今回は半ページでチャレンジしてみましょう。

元の本は二段組ですから、ちょうどその一段分を読むことになります。

ひょっとしたら、今度はできるかもしれませんよ。タイガーマスク級でなくても、獣神サンダーライガー級の離れワザができるかも。

もっとも、子供に関しては、多少の割引料金が適用されるが。

いずれにせよ、子供は小学校の高学年の女の子で、よほどお金が有り余っていなければ、単なる家族旅行で宿泊するような部屋ではない。

しかも、宿泊客の苗字は泉野で「いずみの」ではなく「いずの」と読ませる。

おまけに、宿帳に書いてもらった娘の名前は、舞だった。

「いずの」を「伊豆の」と語呂合わせで考えれば「舞＝踊り子」という連想にもストレートに結び付く。

メール差出人の《伊豆の踊子》は泉野舞が被害者だと暗示しているのではないか。

◇条件反射を克服する難しさ

どうですか？　一段分の一四行をそっくりまとめて読み取ることができましたか？　できないでしょうね。意識を変えたつもりでも、今まで十数年、人によっては二十数年、三十数年にわたって脳の深層にまで染みついた条件反射の枷《かせ》を外すのは、決して簡単なことではありません。

これは「梅干しを見ても絶対に唾《つば》を出さないようにしよう」といい聞かせた程度では、実際に目の前に梅干しを突きつけられた時に、〝条件反射〟で唾液が口中にあふれてくるのを食い止めることは不可能に近い、というのと同程度の難しさなのです。

でも、落胆するには及びません。まだ単に、あなたが何万人に一人クラスの速読の天才ではなかったと分かっただけのことです。

天才でない以上、トレーニングを積んで、段階的に視野の拡大と記憶力の強化を図っていく以外にありません。「速読術と記憶術に王道なし」なのです。

それでは章を改めて、ちょっとその〝さわり〟のトレーニングに取り組んでみることにしましょう。

2章

速読記憶術への道を歩もう

01 ステップを踏んで能力を段階的に伸ばす

◇欲張らず、千里の道も一歩から

前章で、私がどんな読み方をしているのか〝さわり〟を紹介しましたが、いきなり実行できる人は、ごくまれでしょう。

「千里の道も一歩から」といわれます。まず着実に、誰でも簡単にできるところから始めましょう。

とにかく、最初に必要なのは、今までペットにしていた〝音読亀〟を、どこかに置いてきてしまうことです。

そのために、次のようなウォーミングアップを行ないます。

次に紹介するのは拙著『秘剣・宮本武蔵』の冒頭の文章ですが、行頭と行末に★のマークがついています。

本文を読まないで、この★だけを、ひたすら順番に最後まで見ていってください。速く見れば見るほど、よい見方です。

中間の本文に関しては、読まずに目で字面を追うだけに留めてください。1章で触れたイメージでいえば〝視手〟で全ての文字をサッサッサ……と素早く撫《な》でるような見方をしてください。そういった見方ができない人は、実際に指先で各行を撫でてください。それも、できる限りの高速で。

これは実はアメリカのエヴァリン・ウッズという人物が気づいた方法で、この〝指先高速なぞり法〟によって、分速三〇〇〇文字レベルまでの〝初級速読術〟ならマスターできてしまうのです。

一行ずつしか読めないので視野が広がらない欠点はありますが、最大の弊害の音読癖は取っ払うことができるわけです。視野が広がらないので、分速三〇〇〇文字までしか到達しませんし、記憶力も向上しませんが、それなりに受験勉強には役立ちます。

上下、上下……と、ひたすら高速で目を動かすので、コンタクトレンズ使用の方は、ひょっとしたらレンズがズレるかもしれません。もしズレたら、眼鏡に切り替えて、このアップ運動を行なってください。

★慶長五年九月十五日（西暦一六〇〇年十月二十一日）――。★
★この日、東西両軍の決戦場となった関ケ原は、未明から蕭条たる淫雨と真っ白な霧に★
★包み込まれていた。★
★『慶長年中卜斎記』には、以下のように記されている。★
★「十五日、小雨降り、山間なれば霧深くして、五十間先は見えず。霧あがれば百間も★
★百五十間も僅かに見ゆるかと思えば、そのまま霧下りて、敵の旗少しばかり見ゆるこ★
★ともあるかと思えば、そのまま見えず」と……。★
★濃尾平野の一角に位置する関ケ原は北に伊吹山、南西に松尾山、南東に南宮山と三方★
★を山に囲まれている。この盆地状の地形のために、空気が停滞し易く、雨季には濃霧★
★が掛かり、冬季には豪雪に見舞われる。★
★二十一世紀の現代でも、しばしば関ケ原には豪雪が降り、東海道新幹線を停止させる★
★など交通上のネックとなっている。★
★往時も関ケ原は中央を中山道が東西に走り、そこから北に北国街道が、南に伊勢街道★
★が通じる交通の要衝であった。★
★そこに東西一里、南北半里の盆地状の平野部が存在した。東西両軍を合わせ、およそ★

★十五万六千名という大軍が雌雄を決すべく激突するにはまさに最適の地勢と言えた。★
★前夜の驟雨の名残りの濃霧を衝いた、辰の刻（午前八時）の井伊直政隊の抜け駆けを★
★口火として、関ケ原合戦の火蓋は切られた。★
★この時、西軍の総大将・宇喜多秀家は、紺地に「兒」の文字を染め抜いた旗印で一万★
★七千名の最大の軍勢を率い、福島正則軍と激突した。★
★白地に桐の紋を描いた福島軍は、およそ三分の一の六千名。★
★天満山に本陣を据えた宇喜多軍は全軍を五段に分け、先鋒に黒地に白丸三つ幟の勇将★
★明石掃部全登を配し、ぐんぐん福島軍を圧倒した。★
★全登は秀家の姉を嫁に迎えており、秀家とは義理の兄弟になる。★
★だが、福島軍が総崩れとなる前に加藤嘉明軍の三千名、筒井定次軍の二千八百五十名★
★が援軍として加わり、宇喜多軍の側面を衝こうと動いた。★
★その辺りから戦線は膠着した。それでも、数において優る西軍は、じりじりと東軍を★
★圧倒し、午の刻（正午）に差し掛かった。★
★ここで起きたのが、松尾山に布陣したまま動かないでいた小早川秀秋軍、およそ一万★
★二千名の裏切りである。★

◇即席速効の速読術

ひたすら★のマークを目印に見て中間の文字をなぞっていくだけで、中間の文章は読みません。ですから、中身が何なのかも、さっぱり分からないはずです。

そんな無意味なことが、いったい何の役に立つのだ――と思う人も多いと思いますが、これは実は、音読しながら読む条件反射をなくす、完全にはなくならないまでも、かなり弱めるのに非常に有効なウォーミングアップなのです。

このウォーミングアップを、読書なり受験勉強をするなりに先立って、たった一分間やるだけで、足を引っ張る音読の悪習は薄められて、読書スピードは一・五倍から、人によっては二倍にまで伸びます。

ただ、すぐに元の音読しながら読む条件反射がぶり返してきます。ですから、ちょっと休憩したら、再開するに際して、またこの〝中身を読まないで文字をなぞる高速運動〟を繰り返してください。

ここでは理解しやすく、行頭と行末に★のマークをつけましたが、どんな本でも構いません。とにかく中身を読まずに行頭と行末のみを可能な限り速く見て、見開きの二ページをクリアします。

文字が小さい本は行の狂いが起きがちなので、指先でなぞってください。これは、同じ本（参考書や過去問題集）を何度も繰り返して読む受験勉強には特に有効です。

初歩の初歩ゆえ、このウォーミングアップ運動は記憶力の強化には全く効果がありません。しかし、時間に追われるタイプの悩みを抱えている受験生には、極めて有効です。

◇受験においても歴史は繰り返す

大学入試であれ、資格試験であれ、全く新しいタイプの問題が出題される、ということは滅多にありません。ほとんどが、過去の問題を踏襲して、似たような問題が出題されます。全く同じ問題が出されること（出題者による過去問のチェック漏れ）は滅多にありませんが、設問が違うだけで本文は同じ文章が出される事例は、まま見受けられます。

市販では、だいたい過去五年間の問題集が店頭に並びます。出題する側も、それを心得ていて、それ以前の過去問と類似した問題を出してきます。これを〝一〇年ローテーションの法則〟と私は名づけています。

ですから過去問題集を購入する場合は、最近五年間の最新のものと併せて、古書店なり先輩のつてを頼るなりして、さらにその前の五年間、併せて一〇年間の問題集を入手するようにすると非常に有効です。

巻末に解答が出ているはずですから、それは切り取ってコピーし、問題のすぐ下に解答が来るように工夫します。

過去問を、必死に知恵を絞って解こうとすることなど愚の骨頂です。なぜなら、類似した問題が出題されることはあっても、丸っきり同じ問題が出てくる確率は限りなくゼロに近いのですから。

一〇年間の過去問に関しては、問題と解答をひたすら数多くの回数、前述の高速ウォーミングアップ運動を行ないながら読み返します。そうすると、脳に形式の刷り込みが行なわれ、似たような問題を読むスピードが猛烈にあがります。先ほど一・五倍から二倍と述べましたが、それは、たった一回に限った場合です。

何度も繰り返していると、スピードは四倍にも五倍にもあがります。記憶力の強化には役立たないと述べましたが、しつこく繰り返していれば、どんなに記憶力に自信のない人でも覚えてしまいます。

読むのが遅くて、受験本番で問題文を読むのに時間を食い、解答する時間が足りなくなってしまうとか、読み返す時間がなくなってしまう、というタイプの人には、極めて単純でありながら、非常に有効なトレーニングです。

そうすると、問題集に向かった時でも、必ず過去問のどれかに似ていますから、解答を覚えてしまった過去問の解き方を参考にして取り組めばよいのです。

受験を突破する秘訣は、どれだけ多くの問題を解くか、ではありません。いくらたくさんの問題を解こうとしても、時間が限られている以上は、自ずと限界があります。

それよりは、見たら即座に解答が思い浮かぶくらいに徹底して過去問の読み返しを行なったほうが、遙かに有効な対策です。

学校の成績はたいしたことがないのに、受験は全て一発で突破し、しかも、時間が余った私の実体験です。東大の入試では読み返してなお三〇分余り、東大大学院の入試では実に二時間も余りました。

手持ち無沙汰なので、尿意を覚えてもいないのに、トイレに行き（監督官が見張りとしてついてきた）、監督官と雑談したことを覚えています。

ちょうどそれが、三島由紀夫が市ヶ谷の自衛隊を占拠して自決した日で、監督官も暇だったのでしょう、「おい、つい先刻、三島由紀夫が自衛隊に乗り込んで……」と話しかけてきて、入試の真っ最中だというのに、変に盛り上がりました。

02 ほんの少し、本の読み方を変えてみよう

◆速読術の第二ステップ――チャンクの拡大

第二段階としては、文章を読む時の一目ごとの区切り（チャンク）を、徐々に拡大していく練習を積みます。

先ほどの『秘剣・宮本武蔵』の続きの文章を次ページに載せますが、チャンクごとに区切って間にスペースを入れます。

ちょっと読みにくいかもしれませんが、それぞれを塊として捉えて、いっぺんに読み取ってください。塊の中では、順番に一文字ずつ読んでいくような読み方は、絶対にしてはいけませんよ。

〝視手〟の指先を大きく広げて、素早く一瞬でチャンクを掴み取り、大脳の中に引きずり入れてください。

松尾山から　攻め下ってきた　小早川軍に　側面から
突入され、　最も近くにいた　大谷刑部吉継軍　一千五百名が
真っ先に　壊滅した。　これがたちまち　全体に波及して、
それまでの　二刻（四時間）に　亘る死闘で　疲れ果てていた
西軍は、　見る見るうちに　瓦解していった。　もう一歩で
勝てると　情勢を　見ていた　宇喜多秀家は、
茫然自失し、　呻いた。　「おのれ、　金吾めが！」
金吾中納言・　小早川秀秋は、　亡き太閤・　秀吉の
義理の甥　（正室・禰の甥）　であり、　かつて秀吉の
後継者に　擬せられて　養子となって　いたこともある。
今でこそ　小早川隆景の　養子となって　小早川家を
相続したが、　大恩ある　豊臣家に　引導を渡すのも
同然の裏切りを　するとは、　何事か。　その憤怒が、
冷静な判断力を　喪失させるほど　秀家の　五臓六腑を
煮え滾らせ、　思わず　悪罵を　口走らせた。

◇二歩前進して、駄目なら一歩後退してみる

どうですか？　三文字のチャンクから、七文字のチャンクまであります。

三文字のチャンクだと、おそらく誰でも一目で読み取れるだろうと思います。

ですが、七文字のチャンクになると、視野を絞り込む性癖の強い（つまり、音読の習性が残っている）人ですと「三文字＋四文字」に二分割しないと読み取れないだろうと思います。

そういう人は、行頭と行末の★のマークをひたすら高速で見ていく練習の見開きページに戻ってください。

それで、おヘソの下（丹田《たんでん》といいます）にちょっとだけ力を入れ、三回ばかり深呼吸。全身をリラックスさせてください。

速読術のマスターには丹田呼吸法の習得を、といっている流派もありますが、そこまで厳密にやる必要はありません。

緊張していると、視野は狭まります。自覚としては緊張しているつもりがなくても、人は文字に向かい合っただけで「内容を読み取らなければならない」という潜在意識が働いて緊張するのです。その緊張を解きほぐすのに、ある程度まで深呼吸は有効です。

03

大脳を活性化させるためにやるべきこと

◇速読術の修得には副交感神経を活発化させる

これは医学的には、交感神経の働きを抑制し、副交感神経の働きを活発化するためなのです。

交感神経は、いうなれば戦闘態勢神経、副交感神経はリラックス神経です。交感神経が活発化すると次のような生体反応が起きます（逆に副交感神経が活発化すると、正反対の反応が起こります）。

①呼吸が速く浅く、希薄になる（敵に居場所を察知されないため）。

②内臓の働きが不活発になる（空腹を覚えたり便意を覚えたりすると、敵との戦いに支障をきたすため）。

③血中のアドレナリン濃度があがり、血圧が上昇する（次の④の反応をカバーして血流量をあげるため）。

④末梢の毛細血管が細く収縮する（敵との戦闘で負傷した場合の出血量を抑えるため）。

人類の歴史を紐解いてみますと、文字などの文化文明を持つようになったのは、ほんの最近のことで、大部分の人類史は〝有史以前〟なのです。

そのために生体反応も、まだ文化文明時代に適応できておらず、大部分が未だ有史以前の状態に留まっています。

ですから、文字は敵ではない、無害な存在なのに、緊張のあまり「敵だ！」と誤認してしまう現象が起きるんですね。

◇個人差が大きい交感神経と副交感神経の作動

前述の生体反応は、非常に個人差が大きいです。

文字は明らかに敵ではありませんから、その事実を生体的に認識できる人もいますし、全く認識できない人もいます。

後者の認識できない人というのは、試験でアガる人です。試験の問題文の文字を敵だと認識し、試験会場を「戦闘の場だ！」と錯覚してしまうんですね。

そうすると前述の①から④までの生体反応が全て起きます。本書の読者でも、身に覚えのある人が大勢おられるのではありませんか？

「頭の中が真っ白になって、何も考えられなかった」などという人は、④の生体反応が過剰に起きて、脳に十分な血液がいかなくなったんですね。

「周囲の状況が全く見えなくなった」などというのも同じで、目に送られてくる血流量が十分でなくなったので、仕方なく身体は視界を視野の中心部だけに絞り込み、周辺視野を見ないようにシャットアウトしてしまうんです。

試験が近づくとヒドい便秘になる、などという人も多いと思いますが、これは②の生体反応が起きたわけです。

さらに、もっとストレスがヒドくなると、神経性の下痢が起きます。

病原性の細菌やウイルスによるもの以外の原因不明の下痢は、②の過剰反応で腸が水分コントロールできなくなり、なおかつ抗原抗体反応など、生物としての防御能力が低下することで発生します。

便秘と下痢とは相反する現象ではなくて、便秘の延長線上に起きる現象が下痢なんですね。

◆受験時のアガり防止にも効果的な速読術の訓練

もう薄々お分かりになったかと思いますが、絵葉書ならば全体が見渡せるのに、それが活字の文章になると、途端に、ごく一部の狭い領域しか見えなくなる、というのは、この④の生体反応が起きているからなんです。

実は私は、試験で全くアガった記憶がありません。私は体育会系で、中学から大学まで、ずっと運動部でしたが、試合に出てアガったこともありません。

また、講演などで演壇に立って何百人という聴衆を前にしても絶対にアガらず、どこで誰が何をしているか、私の言葉を聴いてどういう反応をしているかも、はっきり確認しながら喋ることができます。

これで、速読術を修得することは受験時のアガり防止にも非常に効果的なのだ、ということが理解していただけたのではないでしょうか。

速読術を修得していると、試験問題を早く読み終えるので解答する時間に余裕ができ、読み返しができて精神的に落ち着く、という要素は確かに存在するのですが、それと同時に、受験にはマイナス要因の④の生体反応を抑えることができるので、大脳の思考活動を活発化できるんですね。

視野を広げて、いっぺんに読み取れるチャンクの分量（面積）を大きくするには、目に流入する血液量を増やさなければなりません。

目は発生学的には、脳の一部が頭蓋骨の隙間から突出してきて形成されたものなのです。ですから、交感神経の働きを抑え、副交感神経の働きを活発にして視野の拡大を図ると、連鎖的に脳の働きも活発化して記憶力もよくなります。

これは別に、テクニック的な記憶術ではありませんが、速読術と記憶力とは生物学的・医学的に見ても、極めて密接に関連していることが理解していただけたのではないでしょうか。

納得がいったと思いますので、今度はもう少しチャンクを大きくして、速読術の見方に取り組んでみることにしましょう。

やはり『秘剣・宮本武蔵』の文章で、今度は見開きの二ページ。内容は、先刻の続きです。

秀吉の養女・豪姫（前田利家の四女）を正室とした秀家でさえも、
生前に秀吉から受けた数々の恩顧に応えるべく豊臣家に殉じようとして
難敵の徳川家康に立ち向かおうとしているのだ。
しかしどれほど秀家が激怒しようとも眼前の雪崩を打つような
西軍の瓦解ぶりは如何ともし難い。これは天下分け目の
決戦であり、撤退して再戦を、といった“やり直し”の利かない
合戦であった。西軍は敗れた。それは、豊臣政権において、
五大老の筆頭という最大の家康の強権が更に強化される
事態を意味する。それに逆比例して豊臣家の命運は更に細く
燃え尽きる直前の蝋燭も同然となっていくのだ。秀家は、憤怒の
赴くままに叫んだ。「最早これまでじゃ！一か八か、内府めの
本陣に突撃を敢行する！」だが、秀家の身辺を固めていた進藤三左衛門、
黒田勘十郎、芦田作内、虫明九平次、森田小伝次といった近習たちが、
血相を変えて止めた。「お屋形様、いけませぬ！」「この情勢と
我らの疲労ぶりでは、遺憾ながら、とうてい内府様の本陣まで

行き着くことは叶いませぬ」内府とは内大臣の意味であり、家康のことを指す。
「お屋形様、ここは、ひとまず落ち延びて、再起をお図りくださりませ」
口々に言われ、僅かながら秀家は冷静さを取り戻した。
家康は桃配山に本陣を置いており、三万名の軍勢であった。
その内の相当数が大乱戦に出撃しているとしても、なお
一万名近くは、家康の本陣付近を強固に護っているに違いない。
開戦当初の元気旺盛な時点であれば、強行突入でまだしも家康の間近まで
行き着けるかも知れない。ところが、二刻以上も休みなく激戦し、
精力を使い果たした現在の状態では、確かに九分九厘まで
無理である。突撃して壊滅しては犬死にとなる。
それくらいなら、まだしも落ち延びて再起を図ったほうが
家康の天下取りの野心を挫いて豊臣家を存続させられる
確率が高い。ようやく秀家は、その発想に思い到った。
「分かった。ここは落ち延び、再起を図ることにいたす」
だが、その落ち延びること自体、それほど容易ではなかった。

04 あなたの身近な場所に大脳活性化の教材が！

◇失敗したら、焦らず原点に戻りましょう

どうでしたか？　先ほどは、短いものは三文字で長いものは七文字でした。今回は短いものは五文字で、長いものは一三文字です。

そうすると、それだけ気づかないうちに精神的なプレッシャーもかかってきて、視野の絞り込みが起きます。

慌てず騒がず、深呼吸して気持ちを落ち着けましょう。それでまた、行頭と行末の★を高速で目で追うトレーニングに戻ります。

飽きてきたら、別に本書でなくても、自分が普段から見ている過去問題集や参考書でも構いません。

速読術の目的は、大多数の人にとっては趣味の小説を早く読むことではなく、受験勉強

などに役立てるための参考書、問題集、あるいは仕事上で必要な資料やデータを早く正確に読み、内容を記憶することなわけですから。

◆歌詞カードも速読術のトレーニングになる

ちょっと古い話ですが、水前寺清子という演歌歌手のヒット曲に『三百六十五歩のマーチ』（作詩：星野哲朗）というのがあります。

「しあわせは歩いてこない。だから歩いてゆくんだね。一日一歩、三日で三歩。三歩進んで二歩さがる。人生はワン・ツー・パンチ。汗かきべそかき歩こうよ。あなたのつけた足あとにゃ、きれいな花が咲くでしょう」です。

三歩前進、二歩後退方式で、この歌詞に書かれているように〝きれいな花〟――つまり速読術・記憶術の修得となって開花し、皆さんの役に立つわけです。

脱線したついでに、歌詞カードも速読術のトレーニングに役立つということ、ピンと来た人がいらっしゃいますか？

この『三百六十五歩のマーチ』ですが、歌詞カードには、次ページのように印刷されているはずです。

しあわせは　歩いてこない
だから歩いて　ゆくんだね
一日一歩　三日で三歩
三歩進んで　二歩さがる
人生は　ワン・ツー・パンチ
汗かき　べそかき　歩こうよ
あなたのつけた　足あとにゃ
きれいな花が　咲くでしょう
腕を振って　足をあげて
ワン・ツー　ワン・ツー
休まないで　歩け　ソレ
ワン・ツー　ワン・ツー
ワン・ツー　ワン・ツー

歌いやすいよう、このように区切られているわけですが、一目で読み取れるように見事にチャンクごとに分けられています。

視野が広がる前ですと、間に入っている一文字スペースごとに区切って読むでしょうが、慣れてくると、一行全部を一瞬で、一目で読み取ることができます。

ですから、歌が好きな人は歌詞集を購入し、歌詞の部分を一行丸ごと読み取るトレーニングを積むことを勧めます。

それに、歌というのは心身をリラックスさせ、交感神経の活発化を抑制する効果があります。

だから余計に視野を広げやすく、歌詞に関しては一行を丸ごと読み取ることが、容易にできるようになります。

視野が広がれば、それだけでも大脳が活性化されて記憶力が強化されるのです。

◇詩集でチャンキングのトレーニングを

音痴で、あまり歌には関心がない、という人は、詩集を買ってきてチャンキングの練習をすることを勧めます。

例えば、北原白秋の詩集『水墨集』に収録されている『落葉松《からまつ》』という詩は、次のようなチャンクに分解されて載せられています。

からまつの林を過ぎて、
からまつはさびしかりけり。
からまつの林を出でて、
からまつの林に入りて、
からまつの林の奥も
霧雨のかかる道なり。
からまつの林の道は、
ほそぼそと通ふ道なり。
からまつの林を過ぎて、
からまつはさびしかりけり、
からまつの林を出でて、
浅間嶺にけぶり立つ見つ。

からまつをしみじみと見き。
たびゆくはさびしかりけり。
からまつの林に入りぬ。
また細く道はつづけり。
わが通る道はありけり。
山風のかよふ道なり。
われのみか、ひともかよひぬ。
さびさびといそぐ道なり。
ゆゑしらず歩みひそめつ。
からまつとささやきにけり。
浅間嶺にけぶり立つ見つ。
からまつのまたそのうへに。

からまつの林の雨は
さびしけどいよよしづけし。
かんこ鳥鳴けるのみなる。
からまつの濡るるのみなる。
世の中よ、あはれなりけり。
常なれどうれしかりけり。
山川に山がはの音、
からまつにからまつのかぜ。

また、北原白秋に師事した詩人・萩原朔太郎の詩集『青猫』に収録されている代表作の『青猫』は、次のような詩です。

この美しい都會を愛するのはよいことだ
この美しい都會の建築を愛するのはよいことだ
すべてのやさしい女性をもとめるために
すべての高貴な生活をもとめるために
この都にきて賑やかな街路を通るのはよいことだ
街路にそうて立つ櫻の竝木
そこにも無數の雀がさへづつてゐるではないか。

ああ　このおほきな都會の夜にねむれるものは
ただ一疋の青い猫のかげだ
かなしい人類の歴史を語る猫のかげだ
われの求めてやまざる幸福の青い影だ。
いかならん影をもとめて
みぞれふる日にもわれは東京を戀しと思ひしに
そこの裏町の壁にさむくもたれてゐる
このひとのごとき乞食はなにの夢を夢みて居るのか。

チャンキングで、一行のまとめ読みをしようという場合には『青猫』のほうが『落葉松』よりも難しいですね。

一行の文字数が多い上に『落葉松』のほうが〝からまつ〟というリフレインが多いので、それだけ頭に入りやすいわけです。

文庫本でも、たくさんの詩集が市販されています。その中で、皆さんの好みに合った詩集を買い求められるとよいと思います。

就職試験の一般常識で文学史が出題されることも結構ありますから、個人詩集ではなく大勢の代表作が載った〝詩人全集〟のようなタイプのものを選ぶのが速読トレーニング用にはよいかもしれません。

気分をリラックスさせるために、じっくり味わって読むのもよし。でも、目的は一行をいっぺんに一目で読み取れるように視野を拡大することです。

ただ仮に一行が一目で読み取れるようになっても、印刷されている文字が小さかったり、内容が難しかったりすれば、たちどころに〝元の木阿弥《もくあみ》〟に引き戻されてしまい、一文字ずつしか読めないような状況も起きます。

ですから、詩集には中国名詩選（『唐詩選』など）を加えておくとよいかもしれません。また中国人の名言集のようなものも一般常識で出題される場合があるので、余裕があれば加えましょう。

速読術は、上達したり引き戻されたり、まさに『三百六十五歩のマーチ』のような経過を辿って会得するものなのです。

それでは章を改めて、ワンステップ上の速読術と記憶術のトレーニングに進むことにしましょう。

3章

大脳を活性化し、記憶力を高める

01 今こそ小脳の時代から、大脳の時代へ

◇とりあえず目先の目標は初歩の速読術でクリア

前章で「人間は今なお先史時代の生体反応を残していて、文字を見ても敵だと誤認して戦闘態勢に入ってしまう」といった趣旨のことを述べました。

肉体をフルに使っての戦闘は、大脳よりも小脳（つまり、運動神経）を使います。ですが、文章を読んで内容を理解したり考えたり、といった思考を受け持っているのは小脳ではなくて大脳。

要するに、脳の中の不向きな部分を起動させているがために、どうしても本来なら発揮できるはずの能力が不十分にしか発揮することができないで、ブレーキがかかってしまうんですね。

交感神経の働きを抑え、小脳の働きを抑え、大脳の働きにブレーキがかからないように

仕向ける、というのは、生半可な難しさではありません。なぜなら、極めて長い間、本能がＤＮＡレベルで刻みつけられているからです。

「自分は、記憶力もまあまあ普通だし、わざわざ面倒なことをやらなくても」と考えた人は、1章と2章で述べたトレーニングを繰り返すだけでも、十分に現在の受験には対応できます。

特に、目標としている試験が目前に迫っている人は、むしろあれこれ余分なことに手を広げないで、1章と2章で紹介した方法で受験勉強に取り組んでみてください。それでも、まずまず満足のいく結果が得られるはずです。

各行を指先で高速でなぞるように確認しながら読んでいく方法で分速三〇〇〇文字には到達でき、これは全く速読術のトレーニングを行なった経験のない人の五倍から一〇倍くらいの読書スピードなのですから、十分にライバルを蹴落とせます。

とにかく過去問を徹底して読み返して、問題と解答を頭に刻みつけること。この方法では満点を取ることは不可能ですが、満点を取らなければ合格しない試験などは、ほとんど存在しません。

だいたい、全問の六〜七割の正解が叩き出せれば合格点に達するように、採点基準が設けられています。

ですから、受験勉強の基本を過去問の読み返しに当て、その次に、参考書の読み返しに当て、休日で頭が疲れていない時などに、新規の問題を対策問題集を購入して取り組んでみる——程度の対策で、通常であれば試験は突破できてしまうのです。

逆にいえば、どれほど疲れている時でも過去問の読み返しぐらいはできます。新規の問題を解くわけではないので、解けなくて突っかかって、うんうん唸るようなこともありません。

どれほど疲労困憊していても過去問だけは読み返す——これは能力の問題ではなく意志の問題です。「自分は受かるぞ！」という強固な意志さえあれば、試験というのは合格するものなのです。

〝継続は力なり〟を肝に銘じてください。

◇潜在能力のワンランクアップに挑戦！

ですが、人間というのは、一つ目標を達成すると、もう一段階上の成果を得たくなってくるものです。

スポーツでは、地区大会で優勝したら、県大会で優勝したくなるでしょう。県大会で優勝したら、関東大会とか近畿大会とか、もう一つ上のブロック大会で優勝したくなるでしょうし、全国優勝もしたくなるでしょう。

全国優勝できたら、更にはアジア大会、ワールドカップ、オリンピックなど世界規模の大会で優勝したくなるでしょう。

受験勉強でも、全国模試などでよい成績がコンスタントに得られるようになったら、もっと偏差値の高い大学に志望校を変えようとか、もっと難しい資格試験にチャレンジしてみようとか、欲が出てくるだろうと思います。

その、新たなワンランク上の目標をクリアするためには、もう少し潜在能力を活性化させなければなりません。

それが速読術においては、チャンキングで文章を読んでいく際のチャンクの文字数を、単に増やすだけではなく、複数行に跨《また》がらせて、縦横の幅のある〝ブロック〟の形で読み取っていくことです。

1章では百人一首を取り上げましたので、この章では古今和歌集を教材として取り上げてみましょう。

世の中に　たえてさくらの　なかりせば　春の心は　のどけからまし（在原業平）
花ちらす　風のやどりは　たれか知る　我に教へよ　行きてうらみむ（素性法師）
夏の夜は　まだよひながら　明けぬるを　雲のいづこに　月やどるらん（清原深養父）
月見れば　ちぢにものこそ　悲しけれ　わが身一つの　秋にはあらねど（大江千里）
我のみや　あはれと思はん　きりぎりす　鳴く夕かげの　大和撫子（素性法師）
山がはに　風のかけたる　しがらみは　流れもあへぬ　もみぢなりけり（春道列樹）
昨日といひ　けふとくらして　あすか川　流れて速き　月日なりけり（春道列樹）
桜花　ちりかひくもれ　老いらくの　来むといふなる　道まがふがに（在原業平）
むすぶ手の　しづくににごる　山の井の　あかでも人に　別れぬるかな（紀貫之）
秋ちかう　野はなりにけり　白露の　おける草葉も　色かはりゆく（紀友則）
恋しきに　命をかふる　ものならば　死はやすくぞ　あるべかりける（読人しらず）
住江の　きしによる浪　よるさへや　ゆめのかよひぢ　人目よぐらん（藤原敏行）
人しれぬ　わが通ひぢの　関守は　よひよひごとに　うちも寝ななん（在原業平）
今こんと　いひしばかりに　長月の　有明の月を　待ちいでつるかな（素性法師）
月やあらぬ　春や昔の　春ならぬ　我が身ひとつは　もとの身にして（在原業平）

深草の　野辺の桜し　心あらば
ことしばかりは　墨染にさけ（上野岑雄）
世の中は　いづれかさして　我がならん
ゆきとまるをぞ　宿と定むる（読人しらず）
君をおきて　あだし心を　わがもたば
末のまつ山　浪もこえなん（東歌）
梅の花　匂ふ春べは　くらぶ山
闇に越ゆれど　しるくぞありける（紀貫之）
さつき待つ　花たちばなの　香をかげば
昔のひとの　袖の香ぞする（読人しらず）
五月雨の　そらもとゞろに　郭公
なにをうしとか　夜たゞ鳴くらむ（紀貫之）
天の川　あさせしら波　たどりつつ
わたりはてねば　明けぞしにける（紀友則）

天つ風　雲のかよひぢ　吹きとぢよ
をとめの姿　しばしとゞめん（良岑宗貞）
秋の野に　なまめき立てる　女郎花
あなかしがまし　花もひと時（僧正遍昭）
春霞　たつを見捨てて　ゆく鴈は
花なき里に　住みやならへる（伊勢）
見る人も　なき山里の　さくら花
ほかのちりなむ　後ぞ咲かまし（伊勢）
さみだれに　物思ひをれ　郭公
夜ぶかく鳴きて　いづち行くらむ（紀友則）
秋來ぬと　目にはさやかに　見えねども
風の音にぞ　驚かれぬる（藤原敏行）
木の間より　もりくる月の　かげ見れば
心づくしの　秋はきにけり（読人しらず）

◆情報量が同じでも、読み方に個人差が現れる

右ページ（九六ページ）には、一行に一首の和歌が入っています。それに対して左ページ（九七ページ）は二段組で、一首の和歌が前半の「五・七・五」と後半の「七・七」とに分けられ、二行にわたって印刷されています。

右ページの一行と、左ページの一段の二行分とは、情報量として見ると全く同じです。同じである以上は、理屈としては、どちらも同じ一瞬で読み取れるはずです。

さあ、どうでしょうか？　一瞬で和歌一首を読み取ることができましたか？

現実には、なかなかそうはいかないと思います。「どっちも同じだよ」という人もいるでしょうが、右ページのほうが楽だという人、左ページのほうが楽だという人も、出てくるはずです。

右ページのほうが楽だという人は、端から順番に読んでいく癖がある人、つまり音読の癖が抜けきっていない人です。

そのために複数行のまとめ読みが難しいわけですね。

右ページでは、和歌一首に、ほぼ一行全体を使っています。徐々に視野を拡大していく訓練を積み、チャンクを大きく拡大することができた人でしたら、和歌一首を丸ごと読み

取れます。

たとえ音読の癖が抜け切らなくて、一行読みしかできなくても、一行をそっくり丸ごとチャンキングできるほど視野が拡大できたわけですから、記憶力は相当に向上していると期待できます。

ですが本書は一行が四〇文字で印刷されており、なかなか四〇文字を読み取れるほどに視野を拡大することは困難です。

それに対して左ページは上下二段組に分割されていますから、一段は二〇文字しかありません。

1章と2章で述べた訓練を続けていれば、二〇文字を読み取ることは、それほど難しいことではありません。誰でもできるようになる、とまでは安易に保証しませんが、現実的な目標です。

これは、スポーツにたとえるなら、町内会の入賞レベルです。このレベルなら、ある程度の運動神経があれば誰でも到達できるでしょう。

しかも音読（心の中で声に出すタイプの黙読を含む）の性癖が完全に抜ければ、二行のまとめ読みができるようになります。

02

直列処理から並列処理へ、大脳のスイッチを切り替える

◇読み取りブロックを複数行にアップ！

さて、二〇文字一行を一目で読み取れるようになるのは、前章までに述べたトレーニングを続けていれば、さほど難しいことではありません。

ですが、二〇文字二行を一目で読み取る、となると、がらりと一変して途端に難易度が高くなります。

何度も何度も繰り返し見ていれば中身を覚えてしまいますから、一目で二行を読み取るのも、たいして難しくありません。しかし、初めて目にした文章で二行を丸ごと一目で読み取るのは決して簡単なことではないのです。

これは、初めて文字を覚えた時以来ずーっと「文字は端から順番に読んでいくもの」という読み方を、徹底的に叩き込まれているので、二行を（もちろん、それ以上に多い数の

行も含めて）まとめて読むことが、なかなかできないのです。

平易な文章でなら二行読みが可能になっても、ちょっと難解な文章や初めての文章だと、途端にこの初期段階にまで引き戻されます。

「この文章は初めてだ。先に何が書いてあるか予測できない」「この文章は難しい」という緊張感が、交感神経を稼働させてしまうのです。

二行読みができなければ、一ページ全体を一目でそっくり一瞬で見てしまうような芸当（一般的な速読術に対するイメージは、そういう見方だろうと思います）が、できるわけはありません。

端から一つずつ順番に読んでいくのを「直列処理」と呼び、いくつかをまとめて読むのを「並列処理」と呼びます。

◇私たちの身近に見受けられる並列処理の実例

文字を読む以外のことでいいますと、ベテランの料理人は右手と左手で全く別の作業をすることができます。

例えば右手で料理を掻き混ぜながら、左手だけで卵を割って料理の中に落とし込んだりする器用な芸当ができますが、これが並列処理です。

優秀なサッカー選手ですと足の動きと上体の動きを別方向に動かして、マークしている敵方選手にフェイントをかけ、読みを外すような動作を瞬時に巧みにやってのけますが、これもまた、並列処理です。

このように人間は訓練すれば並列処理ができるようになり、それは文字に関しても全く同じなのですが、一流のシェフやサッカー選手には一朝一夕でなれないのと同じで、文字を並列処理し、複数行をまとめ読みするのも、それほど簡単にはいきません。

一流のシェフやスポーツ選手は、長い間にわたって同じことを繰り返しているので、それほど深く意識しなくても、必要な動作が瞬時にできます。

実は、この点（深く意識しないで行なう）に、並列処理の最大のポイントがあります。人間は強く意識すればするほど、一つ一つ順番に処理していく直列処理方式しかできなくなります。

何か初めてスポーツに取り組んだ時のことを思い出してみてください。

「まず、手をこう動かして、足をこう動かして、腰の構えはどうで……」といった具合に考えるでしょう。

直列処理と並列処理

【 並列処理 】
①
【 直列処理 】
②
①
二行を同時に読む
↓
訓練で一度に読む
行数が増える
①を読んでから
②を読む

で、やらなければならないことを頭に刻みつけたら、実際に運動に取り組むでしょうが、動きに慣れてくるまでは、いっぺんに全部をやることができず、端から一つ一つ、順番にやることになって、身体の動きはバラバラになります。

全部の動きを無理なくいっぺんにこなせるようになるには、何度も何度も繰り返さなければなりません。そうすると、適度にリラックスできてきて視野が広がり、全身に細かく神経が行き届くようになります。

完全にリラックスしてしまうと身体の動きも脳の動きも緩慢になってマイナスですが、〝適度な緊張・適度なリラックス〟というのは交感神経と副交感神経の拮抗《きつこう》が、何をやるにも適度な状態を生み出して、速読術にも記憶術にも適した大脳の状態に持っていってくれるのです。

実は、たくさんの文字で構成された文章を並列処理で読み取るのも全く同じで、「慣れる。強く意識しないで反射的・本能的に行なう」にポイントがあるのです。

◆自分の目指す分野の基本語彙《ごい》を脳裏に刻みつける

前述の古今和歌集の和歌が容易には二行読みできない理由は、馴染《なじ》みが薄い古語で書かれているから、ということも大いに関係があります。

馴染みが薄い↓強く意識する↓直列処理になる↓視野が狭まる↓速読できなくなるという逆行の経過を辿ります。どこまで逆行するかは、個人差と、取り組む分野による差が大きく、例えば後でも触れますが、未修得の外国語を習い始めた時などは完全に速読できなくなります。

ひとたび速読術をマスターしたら、どんなジャンルの本でも速読できると誤解している人がいますが、それは間違いです。

理解できない内容の文章は速読できません。

ただ、同じ手法を駆使して、速読できるようになるまでの過程を大幅に短縮することは可能です。

これは何か一つの種目で卓越した能力を発揮できた選手が、他の種目にチャレンジした際に、初めての選手よりも遥かに短い訓練期間で上達できる（例えば野球選手がゴルフに挑戦した場合や、柔道選手がレスリングやボクシングに挑戦した場合など）という事例と

まず基本単語を頭に刻みつける

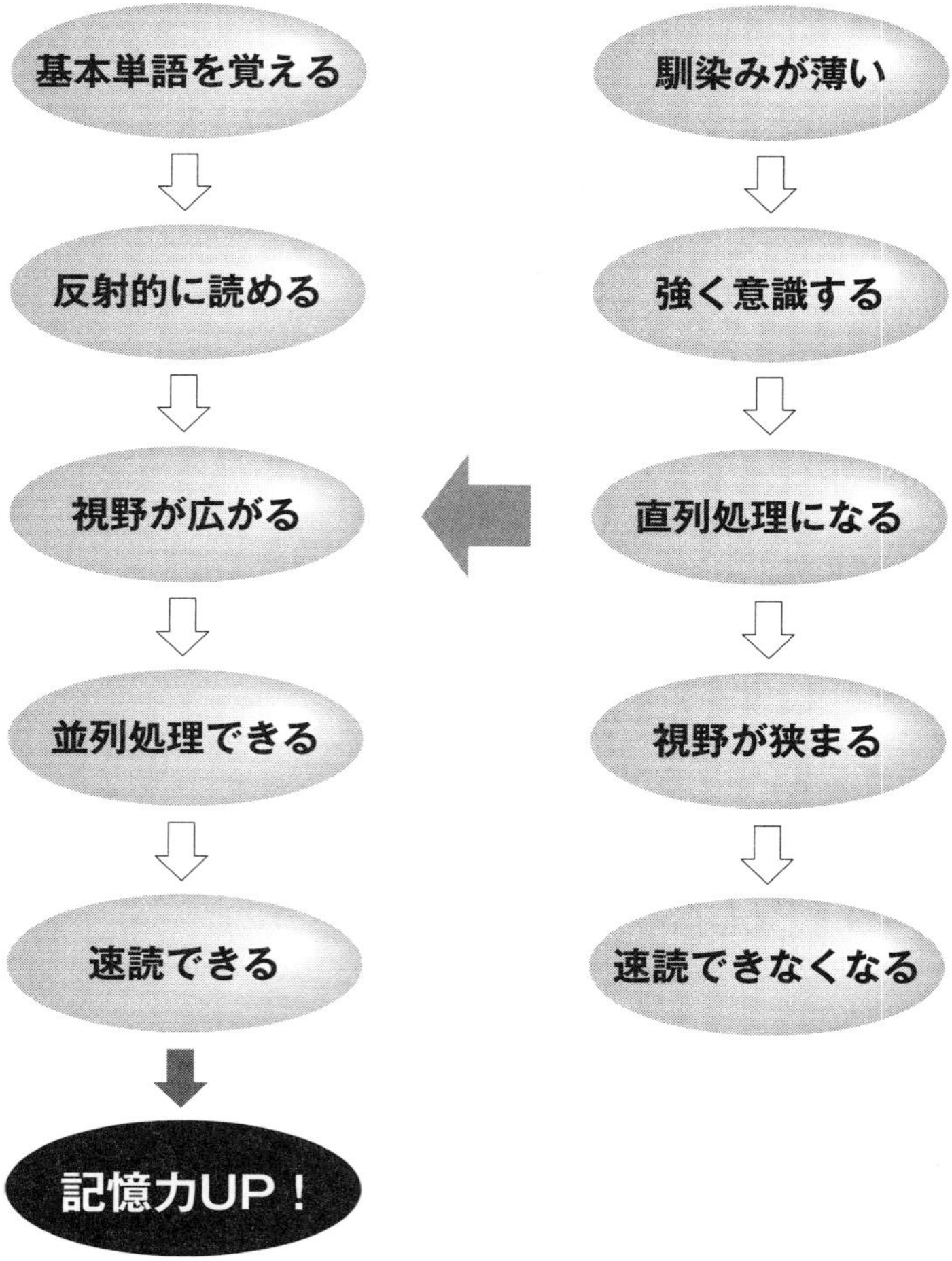

全く同じです。

また、将棋のプロ棋士がチェスや囲碁にチャレンジすると、たちまち有段者になれる、という事例と同じです。

速読術において馴染みの薄い分野に初チャレンジする場合は、まず基本単語を頭に刻みつけることです。

◆どんな分野であっても基本単語は二〇〇~五〇〇個

外国語は別として、日本語で書かれた分野である限り、基本単語は二〇〇個から五〇〇個の範囲内に収まります。

これより多い語数を収録している参考書や単語集も存在しますが、それはページ数とか区切りのよい数に合わせているためで、五〇〇個を超える単語に関しては「重要」と銘打っていても、それほど需要ではないのです。

それでは『古文重要語の研究』（稲村徳・著）から、重要語三〇〇個の内の、二ページ分の一二〇個を次に紹介しましょう。

ちょっと、チャンキングの練習をしてみてください。

あいぎゃう
あいなし
あかし
あからさまなり
あくがる
あさまし
あし（悪し）
あした（朝）
あそび
あた
あだなり
あたらし
あぢきなし
あづま（東）
あてなり
あはれ
あふ（敢ふ）
あやし
あらぬ
あらはなり
あらまし
ありがたし
ありつる
あるじ
い（寝）
いうなり（優なり）
いかが
いかで
いさ
いざ
いそぎ
いたし
いたづらなり
いつしか
いで
いと
いとど
いとほし
いふかひなし
いぶせし
いほ（庵）
いまめかし
いまやう（今様）
いみじ
いも（妹）
いやし
うけたまはる
うし（憂し）
うしろめたし
うたて
うち（内裏）
うつくし
うつつ（現）
うつろふ
うとし
うるはし
え〜ず
えんなり（艶なり）
おうな（嫗）
おこたる

おとど
おのづから
おぼつかなし
かぎり
かたくななり
かたみに
かなし
から（唐・韓）
きこゆ
きんだち
けしからず
けはひ
こころぐるし
こころばへ
こども

おとなし
おはす
おほやけ
かしこし
かたし
かたらふ
かへし（返し）
かりそめなり
きは
くさまくら
けしき
こうず（困ず）
こころづきなし
こころもとなし
ことわり（理）

おとなふ
おほかた
おぼゆ
かしこまる
かたち（容貌）
かつ（且）
かへすがへす
かる（離る）
きみ（君）
ぐす（具す）
げす（下衆・下種）
こころあり
こころなし
こころゆく
こよなし

おどろく
おぼす（思す）
おろかなり
かた（方）
かたはらいたし
かづく
かよふ
きこしめす
きよし（清し）
くちをし
げに
こころうし
こころにくし
こちたし
さうざうし

現役の受験生で古文を選択している生徒だったら、あるいは大学の文学部で古典を専攻している学生だったら、すんなりチャンキングできるはずです。

単語一つずつだけでなく、一行の四単語全部が視野に入るとか、二行の八単語でもOKという人もいるかも知れません。

しかし、古典に日頃は接していない人の場合は、「あれ？　これは？」と随所で引っかかるだろうと思います。

そのうちに、分かっている単語でも「これは現代と違う意味で使われているのでは？」と疑心暗鬼に陥り、いよいよ突っかかってチャンキングできない悪戦苦闘の状態になるでしょう。

そういう精神状態に陥ると、たちまち交感神経が最高レベルで発動することになって、条件反射で視野が急速に狭まります。

こういう条件反射を引き起こして視野を狭める要因には、次のようなものがあります。

①文字の大きさ……文字が小さいと緊張して、そこだけに神経が集中するので視野狭窄《きょうさく》が起きます。

②漢字の画数………画数の多い漢字が頻出すると、類似漢字と識別しようと緊張するので、やはり視野狭窄が起きます（洒と酒、味と昧、睛と晴など）。

③文章の難易度……難解な文章だと、何度も何度も読み返し、どうにかして記憶の中からデータを引き出そうと悪戦苦闘するので交感神経が発動し、視野が狭まります。

その他に、携帯電話でメールを打つのもマイナス要因になる場合があります。

文字を表示するディスプレイ画面が小さいですから、否応なしに視野が狭まりますし、どれほどキー操作に熟達しようともパソコンをブラインドタッチで打つほどのスピードにはなりませんから、速読術という点では足を引っ張ります。携帯メールは要注意です。

◆基本単語のチャンキング教材を作成するのが速読記憶術の早道

どんな分野であっても、必ず基本単語は存在します。

たとえ基本単語集が市販されていない場合でも、その分野の書籍は市販されているはずで、そして巻末に索引があるとしたら、それが即ち、基本単語です。

索引の文字は概して小さいので、これをパソコンで四倍角の文字で打って印刷してください。面倒な人は、コンビニにでも出かけて拡大コピーしてください。

ですが、5章で改めて詳しく触れますが、多少は時間がかかってもパソコンの四倍角で打って自主教材を作成するのが、ベターな方法です。

そうすれば、早く基本単語を覚えてしまうことができます。

こうして作成したものを、過去問の繰り返し読みや参考書の繰り返し読みの前にざっと目を通し、日常的にチャンキングの練習を行なってください。

そうすると、二〇〇〜五〇〇個の基本単語に関しては、間違いなく見た瞬間に文字全体を把握することができます。

仮に初めて接する問題であっても、その中には必ずいくつかの基本単語が存在するはずで、それは一瞬で読み取れ、把握できます。

一つ一つの単語に関して短縮できる時間はゼロコンマ何秒かの微細なものですが、文字通り〝塵《ちり》も積もれば山となる〟で、累積すると大変なものになります。

受験勉強の中身は濃くなりますし、受験本番においては設問の読解や解答完了後の読み返しチェック作業に非常な威力を発揮します。

03

並列処理から映像記憶へ

◇同時の複数行読みにチャレンジしてみよう！

それでは今度は、現代の文章に戻り、いっぺんに複数の行を読み取る練習に取り組んでみましょう。

これまでは「チャンキングしやすいように」という配慮から、文節の切れ目で分割してきましたが、今度はそうしないで、機械的に一〇文字単位の三段組、一五文字単位の二段組で区切ってみます。

なぜならば文節単位で読みやすいように印刷された本などは、市販されている書籍の中には存在しないからです。

例文は拙著『長い戒名ほど立派なのか』から、仏教伝来史に関する部分です。小説ではありませんので、それだけ硬い文体になっています。

インドで生まれた仏教は釈迦の死後になって、生前の五十年間に説かれた教えが口伝から書写された教典に編纂されて、五百年後には、ガンダーラ美術による仏像建立とほぼ同時に、南北の二つのルートに分かれてアジア各地に伝わりました。

北のコースを辿った北伝仏教は、ネパール、チベット、中央アジアなどを経由し、西暦元年頃にシルク・ロードを通る商人たちの手により、中国に二千年ほど前に、百八十七名の翻訳者の手によって梵語から漢語に翻訳されてもたらされました。

玄奘三蔵と共に「二大訳聖」と言われている中国六朝時代の訳経僧の鳩摩羅什も、その一人で、後世の玄奘三蔵による訳経を「新訳」と呼び、それ以前の鳩摩羅什による訳経を「旧訳」と呼びました。

鳩摩羅什が訳出した経典は非常に多く、『坐禅三昧経』三巻、『阿弥陀経』一巻、『摩訶般若波羅蜜経』二十四巻、『妙法蓮華経』七巻、『維摩経』三巻、『大智度論』百巻、『中論』四巻とされています。

当時の中国は、有名な「項羽と劉邦」の時代から二百年ほど経った時代で、前漢の終焉期か後漢の初期頃に当たります。

この時期の中国は、異民族との戦争を繰り返しながら、異国の文物を本格的に輸入・輸出し始めた時代です。

近隣の諸国が競って自国の特産品を輸出しては帰りに出先の産物を仕入れて帰る文化交流が盛んに行なわれ始めます。

中国の主な輸出品は絹製品でした。

蚕の原産地は中国地方で、その当時は絹織物などの高級絹製品は、漢でしか生産されませんでした。

商人たちは、山脈や砂漠を隊商を組んで踏破し、異国へ高値で売りさばきます。いわゆる、シルクロードです。

これらの隊商たちが、赴いた先で仏教に接して感銘を受けて教えを持ち帰ったり、西国との戦争で捕虜になった人間が中国国内に経典を翻訳していきます。

やがて、それらが中国本来の儒教や道教と融合して、中国仏教が誕生したわけです。

儒教は紀元前五五一～四七九頃の春秋時代の思想家・孔子によって始められた教えで、道教も同じく春秋時代の思想家・老子によって始められた教えです。

孔子は老子の教えを受けたこともあると伝えられています。

ですが、この辺りは今一つ、はっきりしません。

儒教・道教・易教は、中国思想界が生み出し、東アジア一帯に広く流布した道徳観で、我々日本人の道徳観念の基本にも深く根ざしているものです。

仏教の教えには「世法即仏法」(世間の基礎的学問や思想は、全て仏教の一部分である)という考え方があり、儒教や道教も「仏教の補助的教え」と位置づけたために仏教の浸透も幾多の弾圧にも拘わらず、自然に促進されました。

この辺りの混淆ぶりは、孫悟空と三蔵法師(前述の玄奘三蔵)が主人公として活躍する伝奇小説の『西遊記』を読んでも知ることができます。

釈迦如来や観世音菩薩と並んで道教の創始者の老子も神格化されて、太上老君(道徳天尊)として『西遊記』には登場します。

道教の最高神格は「三清」と呼ばれており、元始天尊と、霊宝天尊、道徳天尊(太上老君)です。

こういったアジア圏の聖人たちの教えは創生期や発展期から互いにリンクし合っていたようです。

孔子の逸話の中には、生前から

インドの釈迦の存在を既に意識していた、という記録もあります。

もっとも、これは、仏教と儒教の成立年代を考えると、後世になって創作された話の可能性が高いですが。

また、釈迦も説法の中で預言として、「菩薩の姿として中国などから多くの聖人が現れて、仏教を広める地ならしとなる優れた思想を説くだろう」と語っています。

いずれも、唯一絶対神を掲げる宗教圏ではないアジア地域のおおらかな特色を裏付ける逸話です。

六二九年の唐の太宗の時代には玄奘三蔵が困難を克服して一年がかりでシルクロードを通ってインドに赴き、仏教を学んで、梵語で書かれた仏典の原典六百五十七部を六四五年に持ち帰り、仏教の発展に大きく貢献しました。

玄奘三蔵は旅の様子を弟子の弁機に口述筆記させ、それが『大唐西域記』全十二巻としてまとめられました。これは、伝記の『大唐大慈恩寺三蔵法師伝』全十巻ともども具体的かつ正確無比な記述によって、七世紀の西域各地およびインドを知る貴重な文献として知られています。

◇複数行のまとめ読みができれば、記憶力も同時に向上している

まず、二行を読み取ることにチャレンジしてください。

二行がいっぺんに読み取れたら、次は三行読みにチャレンジして、一行一行、段階的に増やしていってください。

最終的に一ページの一五行全てが読み取れたら、凄いです。速読術でも上級のレベルに到達したといえます。

正直に申し上げて、なかなかそこまでは視野を拡大することはできません。三分の一の五行のまとめ読みでも、既に受験対策には満足できる域に達しています。一般人の十数倍のスピードで速読できます。

また、かなりの行数のまとめ読みができるようになった場合でも、未知の分野や、苦手な分野の文章に遭遇すると、どうしても強く意識せざるを得ないので、先ほども述べた逆行現象が起き、元の一行読みレベルにまで引き戻されます。

第二外国語、第三外国語に初めてチャレンジする場合などは、一行読みどころか一単語ずつ、ひょっとしたら一文字ずつの逐語読みレベルにまで引き戻される可能性すら否定できません。

ですが、それは仕方ないことなのです。

これまでに紹介したトレーニングのステップをもう一回、最初からおさらいし、新分野の文章も速読できるように組み立て直す以外にありません。

それでも間違いなく、初めて速読術のトレーニングに取り組んだ場合の十分の一くらいの短期間で（個人差はありますが、人によっては、もっと短く）同じように速読で読める状態に戻ります。

◇記憶力のチェックをやってみよう！

複数行のまとめ読みができる状態になったら、視野が拡大されたことによって間違いなく記憶力も強化されています。

皆さんが、いつも読み返している参考書なり過去問題集のどれかのページを思い返してみてください。

そうすると絵葉書を思い返している時のように、相当程度までくっきりと文字の配列が頭の中に思い浮かぶ状態になっているはずです。

私の場合ですと、職業柄、かなりの分量の資料を読まなければなりません。で、正確に引用しなければならない状況も、頻繁に起きます。

その場合、たった一回しか読んでない資料本であっても「あの本の、だいたいこの辺りのページのこの箇所に載っていたぞ」という具合に、必要箇所を映像的に思い出すことができます。

さすがに正確なページ数まで思い出すことはできませんし、時には記憶違いも絶対ないわけではありません。

ですが、九割以上は迷うことなく目的の文章に行き着きます。私は速筆《そくひつ》の作家として知られていますが、この特技があるおかげです。

一一一ページで「基本単語のチャンキング教材を作成するのが速読記憶術の早道」と題して「自分の取り組んでいる参考書の巻末の索引をパソコンで四倍角の文字で打って印刷し、教材を作成してください」という趣旨のことを述べました。

記憶力向上チェックの次の段階としては、その索引の項目が本文の何ページぐらいに出ていたか、また、そのページの上下左右のどの辺りに載っていたのかを思い返してみてください。

必ず映像的に思い出せるはずです。

完全に焦点が合った明瞭な映像として思い出せるか、それとも、かなりピンボケな映像でしか思い出せないかは、かなりの個人差がありますが、たとえピンボケ状態でも映像的に頭の中に再現できれば、受験勉強には十分に役立つ程度にまで記憶力が強化されたといえます。

試験本番に臨んで実際に問題文を読み始めた時に「あ、これは何年前ぐらいの過去問の類似問題で、こういう方式で解いていて、参考書では何ページのこの辺りに書かれていたぞ」と気づいたら、もう「しめた！」ものです。

私は東大を受験した時、半分以上の科目でそういう状態になり、試験を終えて出てきたら、驚いたことに早くも大手有名予備校が模範解答を配っていました（どうやって問題を入手できたんでしょうかね？）が、その模範解答が自分の答えたのと酷似しており、その時点で合格を確信したことを今でも覚えています。

4章

記憶力強化から、記憶術へ

01 単純な記憶力強化から、系統立った記憶術への道

◆文章内容をイメージ化して脳裏に思い描く

私は前章の最後で、自分のことに関して「速筆の作家として知られている」という趣旨のことを述べました。

それは受験勉強の場合と同様で、才能に恵まれているからではなく記憶力に優れているからです。一度でも読んだ本の内容を簡単には忘れない、必要な情報が資料のどこに書かれていたか即座に思い出せる、という特技の他に、もう一つ別の記憶力の使い方をしているからです。

私は執筆時間を早朝に設定している朝型の作家ですが、朝、目が覚めて洗顔などのことをすませると、パソコンに向かって直ちに原稿を打ち始めます。

原稿を打っている間、基本的に私のキーボードを叩く指は止まりません。ほとんどノン

ストップで打鍵《だけん》し続けます。

それは、パソコンに向かう前に何を書くかを完全に決めているからです。

以前「何を書くか、ちゃんと決めてからパソコンに向かうんだけれども、どうしても行き詰まって書けなくなるんです。どうしたらよいのでしょう?」という質問をしてきた人がいたので、詳しく状況を尋ねてみたところ、私から見たら「全て決めている」どころか「ほとんど何も決めずにパソコンに向かっている」有様でした。

それでは、行き詰まるのも当たり前の話です。

◆イメージ化することが記憶術の基本

私は小説家ですから、これから書こうとしている小説のシーンを脳裏に思い浮かべます。

その時に、しっかりシーンとして思い描くのです。

可能な限り具体的に、あたかも映画かテレビドラマのシーンを見ているように、シーンは全て彩色されていますし、登場人物は全員がちゃんと衣服を着ています(もちろん入浴シーンなどは別ですが)。

また、登場人物は、ちゃんと肉声を持っていて台詞《せりふ》を喋ります。喜怒哀楽の感情表現を伴った台詞です。

そこまで明瞭にシーンを脳裏に構築すると、まず絶対に忘れません。この映像化された記憶は、半年間ぐらいは容易に持続します。

ですから、パソコンに向かったら、そのシーンを忠実に再現していくだけの単純作業になります。

私は最高で一日に四百字詰め原稿用紙換算で一五〇枚を打ったことがあり、一カ月では二八〇〇枚（ノベルス、文庫本など、七冊を書き下ろし）も書いた記録を持っています。それはノンストップでキーボードを打ち続けられるからです。睡眠時間の切り詰めは絶対やりません。

睡眠時間を切り詰めると脳の働きは衰え、肉体的にも消耗して、トータル的に見れば、マイナスにしかなりません。

〝四当五落〟などは真っ赤な大嘘です。

◆情報量は多いほど記憶しやすい――現実は予測の正反対

これから書こうとしているシーンを、全て映像化してイメージするのと、単に「あれを書こう、これも書こう」と箇条書き程度に構想を練っている程度では情報量に大きな開きがあります。

いうまでもなく前者のほうが情報量が大きく、後者のほうが少ないのですが、箇条書き的な記憶は、長続きさせることができません。

前に触れた「何を書くか、ちゃーんと決めてからパソコンに向かうんだけれども、どうしても行き詰まって書けなくなる」という相談者は、箇条書き程度にしか決めていませんでした。

だから原稿を書いている途中で忘れてしまうし、台詞などは細部まで決めていないので何を登場人物に喋らせようかと迷って、手が止まってしまうのです。

また台詞も音声を伴ったイメージで考えていないので、普通なら喋りそうもない不自然な会話になったりし、書き直しを余儀なくされます。そこでまた執筆スピードにブレーキがかかります。

私は小説家養成の通信添削講座を開いていますが、受講生がプロットを提出してくると「この登場人物のイメージキャストは誰ですか？」と質問します。

俳優でも、スポーツ選手でも、政治家でもよいのですが、登場人物には必ず、顔と声とが備わっていなければなりません。さもないと生きた行動をさせ、台詞を喋らせることができません。

これは、脳内に蓄えた知識やデータを小説執筆という形で〝出力〟する場合の話ですが、実は、読んだ文章の内容を脳に記憶する〝入力〟の場合にも適用されるのです。

受験勉強に取り組む人は、できるだけ勉強量を減らしたいという気持ちだったり、短く限られた期間内に必要な全領域を学習するには薄い参考書のほうがよいと考えて、要点が手際よくダイジェスト的にまとめられた参考書を選びがちです。

ところが、それは記憶しやすさという観点からすると意外に覚えにくく、なかなか脳に記憶として定着してくれません。

それは、確かに必要な情報が載っているのですが、あまりに簡潔にダイジェストされているがゆえに、各情報がブツ切り状態になってしまい、個々の情報を連鎖させるのが困難で、そのために記憶として定着しにくいのです。

〝急《せ》いては事をし損じる〟の諺《ことわざ》は、受験勉強にも適用されるのです。

02

イメージを糊として用いて情報を貼り合わせる

◇自家製の〝イメージ糊〟か、市販品を活用するか

記憶術というのは基本的に、覚えなければならない情報に映像及び音声のイメージを、一種の〝糊《のり》〟のように用いて貼り合わせ、大きな塊にして脳に刻みつける、という方式を採用します。

円周率を何万桁も覚える人は、数字を三つずつに区切り、語呂合わせで一つのイメージを作ります。

で、そのイメージと次のイメージとを貼り合わせる糊の役目をする、数字とは無関係のイメージをこじつけて工夫する手法で延々と果てしなくイメージ同士を鎖状に繋《つな》げ、膨大で巨大なイメージを脳内に構築するわけです。

この〝こじつける〟ということが意外に難しくて面倒です。何しろ忘れないためにこじ

つけるわけですから、強引すぎると不自然になって思い出せなくなり、それでは意味がありません。

電話番号の数字を語呂合わせで、こじつけて覚える、というのは誰でもよくやる記憶術ですが、いざ思い出そうとすると無理があって思い出せない、などという経験をしたことはありませんか？

お店では、電話番号をお客さんに覚えてもらおうとして、こじつけのルビを振ってありますが、そのルビと電話番号の数字がうまく結びついてくれない、などという経験はありませんか？

受験勉強も全く同じで、ダイジェストのような薄っぺらい参考書を選んでしまうと容易には覚えられません。書かれている各項目間に関連性が希薄なので、その部分のギャップを自分の考えで埋めなければならないからです。

分野が何であれ、市販品を使うのと自家製のものを使うのとでは、後者のほうが面倒で大変ですが、記憶術に関しても同じなのです。

自家製の〝イメージ糊〟は極めて非能率的で、限られた時間を大幅にロスしかねません。

薄い本より分厚い本がいいワケ

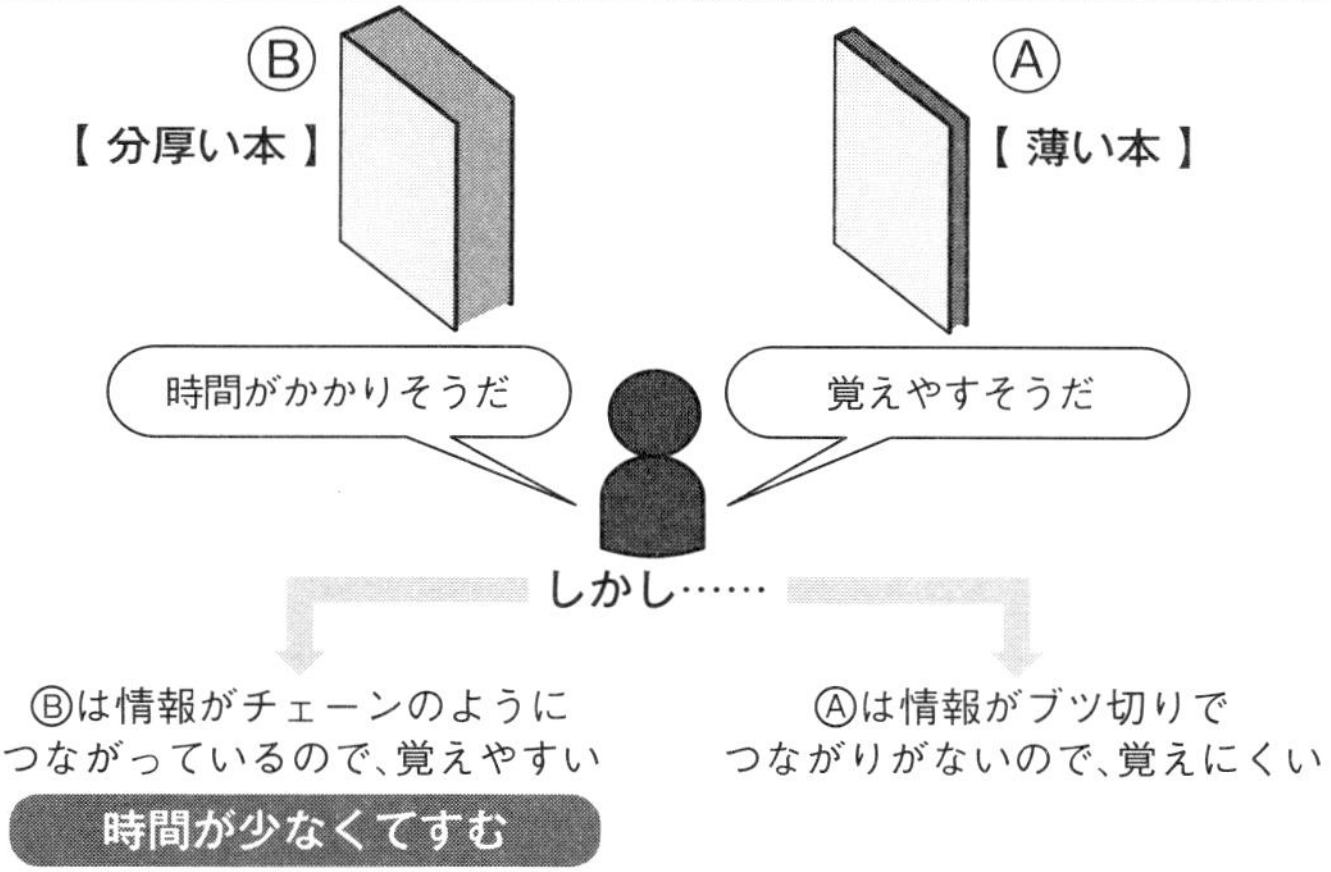

Ⓑ
【 分厚い本 】
Ⓐ
【 薄い本 】
時間がかかりそうだ
覚えやすそうだ
しかし……
Ⓑは情報がチェーンのように
つながっているので、覚えやすい
時間が少なくてすむ
Ⓐは情報がブツ切りで
つながりがないので、覚えにくい

“イメージ糊”の活用

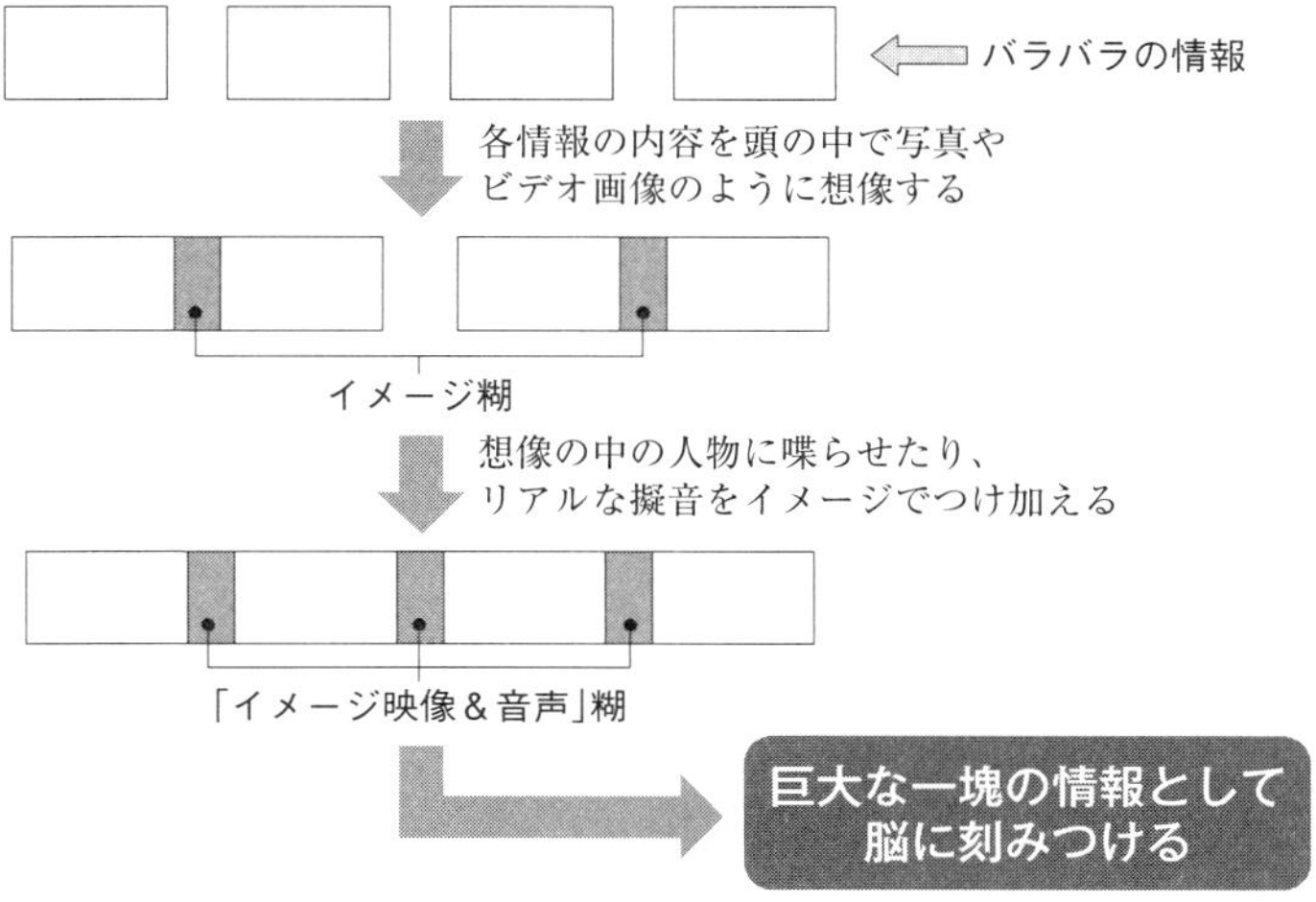

バラバラの情報
各情報の内容を頭の中で写真や
ビデオ画像のように想像する
イメージ糊
想像の中の人物に喋らせたり、
リアルな擬音をイメージでつけ加える
「イメージ映像＆音声」糊
巨大な一塊の情報として
脳に刻みつける

◇記憶術の逆説——膨大なものほど一発で覚えられる

私は大学受験の際に、社会では世界史と日本史を選択したのですが、苦手で、どうしても平均点に到達しませんでした。

そこで私が採った苦手克服法は薄い参考書を選ぶのではなく、完全に正反対のべらぼうに厚い参考書——いえ、参考書どころか中央公論社の『世界の歴史』全三〇巻を読破することでした。

ついでに『日本の歴史』も全巻を読破し、それで一転して歴史が得意になって、小説家になってからも何十冊と時代小説を書いています。

何度も読み返したりなどしていません。ほとんど一発で、内容を覚えてしまいました。教科書や参考書を何度も読んだのに、さっぱり頭に入らなくて悪戦苦闘していたのが嘘のようでした。

「書かれている情報量が多いほど覚えやすい」という〝記憶術の神髄〟に開眼したのが正にこの時だといってよいでしょう。

『世界の歴史』全巻読破で、世界史の受験に必要なデータは、読み返さなくても、ほとんど一発で頭に入りました。

◇参考書は項目が連鎖方式で書かれているものを選ぶ

世界各地で起きる歴史的な出来事は、それぞれ独立しているわけではありません。必ず何らかの相関関係があります。

しかし、薄い参考書は、その相関関係の部分、記憶する場合には前述の〝糊〟の役割を果たしてくれる部分を削《そ》ぎ落とすことで一冊にまとめられています。

重要項目同士が孤立したブツ切り状態になっていて、チェーンのように連鎖状態になっていないのです。

だから、読んでも読んでも、さっぱり覚えられないのです。

記憶するために〝自家製糊〟のイメージを作り上げようにも、学力不足の間はイメージの作り方のコツ自体が分かっていません。

そのために、勉強しても勉強しても、ただいたずらに時間ばかりが過ぎていって満足に覚えることができず、それが焦りに繋がって、いよいよ身動きができない悪循環の泥沼に転落します。

だから〝市販既製品糊〟がたっぷりと入っている分厚い参考書のほうが、成績の悪い人ほど向いているのです。

また『世界の歴史』『日本の歴史』のように膨大な分量の本の場合、一回しか読まなくても実際には同じ事項に関して何度も繰り返して出てきます。「この事件は何年前のこの事件が原因になっていて……」というような書き方ですね。

そうすると、それは初出でありながら、内容的には以前に書かれていたことの復習的な意味・意義を持つわけです。

記憶の基本は短時間の間に何度か繰り返すことです。

「エビングハウスの忘却曲線」というグラフを見たことがある人は大勢いるだろうと思います。

二〇分後には四二％、一時間後には五六％、翌日には七四％、一週間後には七七％、一カ月後には七九％を忘れてしまう、というものです（もちろん、かなり個人差があるのですが）。

分厚い参考書を読むと、たとえ一回しか読まなくても、その中身によって必ず反復学習が行なわれます。

しかも二〇分後どころか、ほんの数分間の短い間に前に書かれていたことを受けて対応している内容が出てきます。

エビングハウスの忘却曲線

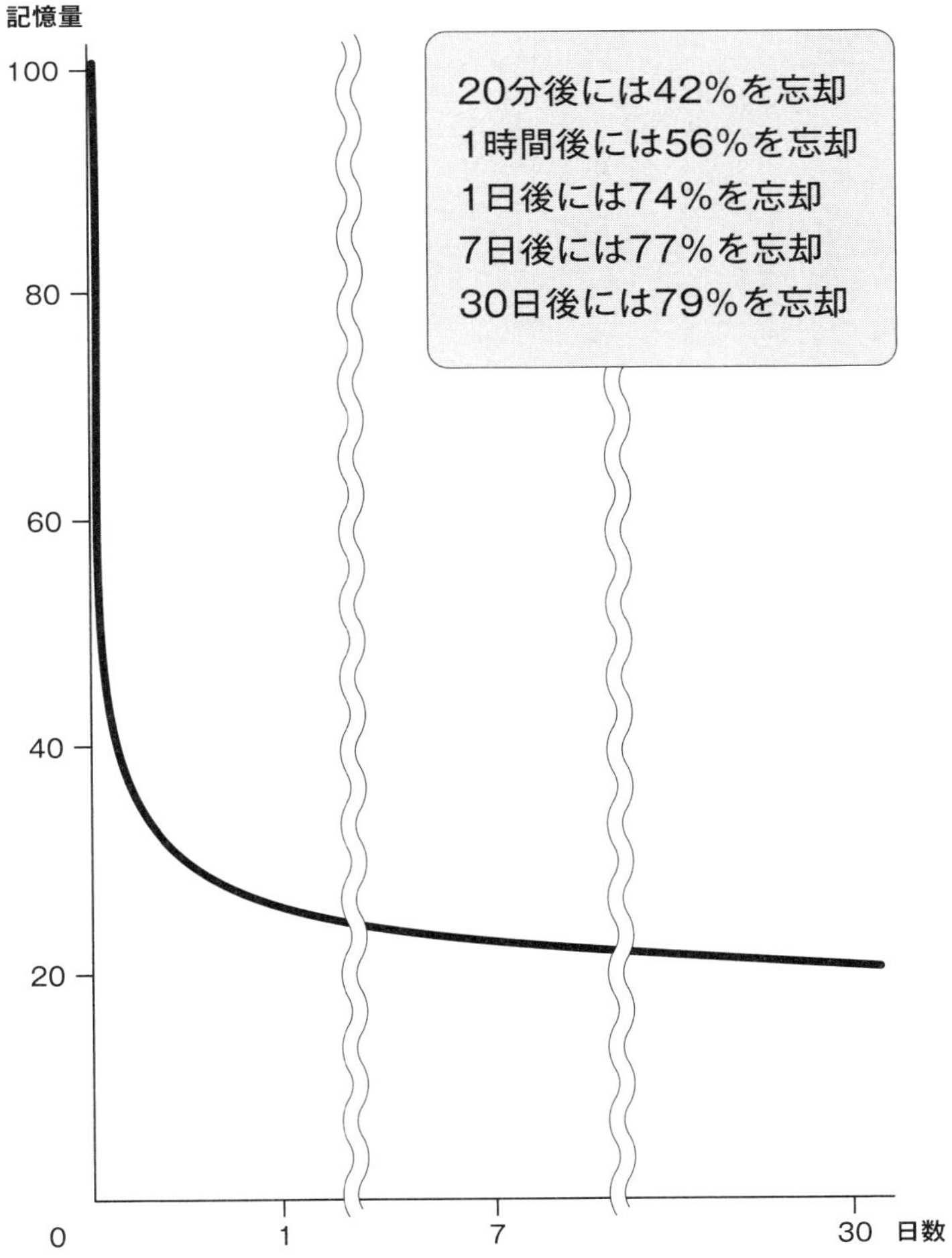

だから、参考書を選ぶ場合は、できるだけ分厚く、懇切《こんせつ》丁寧に書かれていて、できれば映像的にもイメージしやすいように重要項目が連鎖的な書き方がされているものを選ぶのがベターなのです。

薄くてサブノート的な参考書を選ぶと、間違いなく落とし穴に転落して、大きな時間の無駄を出します。

また文章を読む場合も、単にチャンキングしながら読むだけでなく、書かれている内容を情景的に頭の中にイメージしながら読むように心がけると、より一層、記憶の定着度が高まります。

次に『英語の学び方』（高田誠：著）の文章の抜粋を二段組で載せますから、チャンキングと同時に状況をイメージしながら読んでみてください。

外国語をマスターしようと思ったら、絶対にやってはいけない学習法、そして大多数の人が引っかかりがちな〝間違った学習法〟について述べられています。

英語学習法の権威の方が書かれた文章ですから、読んで「なるほど」と納得される人は多いはずです。

「どうすれば単語をたくさん覚えられるのでしょうか？」こうした質問をする生徒が実に多い。単語をスイスイ覚えられる魔法のようなものでもあれば私も試してみたいものだが、残念ながらそのようなものは、この世に存在しない。だが、できるだけ効率よく覚え、しかも一旦覚えたら、二度と忘れないような策ならある。それは、単語だけを決して覚えようとしないことだ。

受験生の中に××単語集などというものを買い込み、そればかりを繰り返しやって結局は途中で単語が頭の中でごちゃごちゃになってわけが分からなくなった、という人もいる。また「とうとう入試には一つも出なかった」なんていうこともある。

そうした単語集はベストセラーになっているかもしれないが、その本のお蔭で大学に合格できたなんてのは一部の人だけだ。ほとんどの受験生は単語だけをいくら多く覚えようとしても頭の中がゴッチャになって覚えられるものではない。私も単語帳を作って覚え込もうと必死の努力をしたり、出来合いの単語集を買ってきて覚えようとしたり、辞書を一頁から覚えて成功した人がいるという話を信じて真似事までやったりした。けれどもやるそばから忘れて昨日覚えたはずの単語が今日は全部忘れているなどということの繰り返しだった。単語を単語だけで切り離して覚えようとしたから無駄な努力に終わったのである。

03 正しい方法によって鍛えられ、記憶術に昇華する

◇誰でも最初から記憶力がいいわけではない

私は記憶力がいいのが自慢だ、という趣旨のことを書いてきましたが、一度でも目にしたものは忘れない、というほど抜群の記憶力を持っているわけではありません。

東大時代の知人には「一度でも見たら忘れない。だから自分は、ノートを取らない」と豪語した人物がいましたし、「忘れるとは、どういう状態なのか、自分は忘れたことがないので理解できない」といった人物もいます。

こういう人間は、おそらく生まれついて脳が普通の人と違うので、そういう人間の真似などしようと思っても無駄なことです。

まず、本書のような類の本を手にして買い求めたというだけで、間違いなく記憶力には自信がないわけですから、せいぜい私レベルの記憶力の人間が編み出した記憶術を参考に

すべきです。

私は最初は歴史の成績がさほどよくありませんでした。つまり、最初はたいした記憶力ではなかったのです。それが『世界の歴史』『日本の歴史』の全巻読破によって記憶力が鍛えられ、どんどん記憶力が向上していったわけです。

◆とにかく体系立った文章で記憶するのが基本

英語に関しては、私は高田誠さんと全く同じ失敗を犯しています。必死に単語集の作成に取り組んだり、市販の単語集を片端から覚えては塗りつぶしていくような受験勉強方法で大失敗しました。

成績は全く伸びず、それで担任には「落ちるのは、お前の勝手だ」と、サジを投げたような受験指導をされたわけです。

歴史の勉強法で、はたと開眼した私は、語学に関しては単語集の暗記はやめ（片端から忘れてしまうので）、辞書の丸暗記に取り組みました。

あきれる人がいるかもしれませんが、そのために私が使ったのは白水社という出版社が出していた『基本語５０００辞典』シリーズ（現在は絶版ですが、ブックオフなど古書店で比較的容易に手に入ります）です。

普通の辞書ですと五万語とか一〇万語とか載っていますが、このシリーズは文字が大きく（これは記憶しやすい条件の一つです）五〇〇〇語強しか単語が収録されていない上に、全ての単語に例文がついています。

その例文を、丸暗記していったのです。

まだワープロもパソコンもない時代ですから、何度も全文をノートに書き写しました（5章で改めて触れますが、本当はワープロやパソコンで写し取って覚えるのがベストの方法なのです）。

東大に入って第二外国語が始まると、私は同じ手法で『フランス基本語5000辞典』の丸暗記に取り組み、二冊を潰しました。一冊目は、まるでゴミ捨て場から拾ってきたかのように手垢《てあか》で真っ黒けになったので、さすがに買い直したのです。

そのために私は理科系ですが、英語と同程度にフランス語を使いこなせます。学生時代は、フランス語の家庭教師もアルバイトでやっていました。

とうてい大学院に受かるはずのない大学時代の成績なのに合格した理由も、フランス語で稼げたのが最大の理由です。

東大大学院の入試は第二外国語が必須で、私の受けた学科は九〇〇点満点の内の一五〇点が第二外国語の配点でした。

同級生が軒並み一〇点前後の惨憺《さんたん》たる成績しか取れなかったのに対して、私はほぼ満点でした（家庭教師をやっているくらいですから、当たり前の話です）。

第二外国語でライバルに一三〇～一四〇点も差をつければ、いくら他の学科の成績が悪くたって、そうそう逆転されるものではありません。

私は、他の学科の成績は軒並みC評価（東大の場合、六〇点以上）でしたが、A評価の優等生の七～八割の得点は取れますからね。

話を元に戻します。ブツ切り状態の相互に何の関係もないデータを丸暗記するのは非常に難しく、凡人にはほとんど不可能なのですが、文章になっていれば、その内の相当数は書かれている状況をイメージすることができ、イメージできれば、それだけで記憶の定着率は格段に高まります。

いかなるジャンルであろうとも、この原理原則は当てはまります。

それでは今度は「何をいっているのか、わけが分からないが一応イメージはできる」という文章で、チャンキング&イメージ化の練習をしてみましょう。

ある主の日のこと、私は霊に満たされていたが、後ろの方でラッパのように響く大声を聞いた。その声はこう言った。「あなたの見ていることを巻物に書いてエフェソ、スミルナ、ペルガモン、ティアティラ、サルディス、フィラデルフィア、ラオディキアの七つの教会に送れ」私は、語りかける声の主を見ようとして振り向いた。振り向くと七つの金の燭台が見え、燭台の中央には、人の子のような方がおり、足まで届く衣を着て、胸には金の帯を締めておられた。その頭、その髪の毛は、白い羊毛に似て、雪のように白く、目はまるで燃え盛る炎、足は炉で精錬された真鍮のように輝き、声は大水の轟きのようであった。右の手に七つの星を持ち、口からは鋭い両刃の剣が出て、顔は強く照り輝く太陽のようであった。私は、その方を見ると、その足元に倒れて、死んだようになった。すると、その方は右手を私の上に置いて言われた。「恐れるな。私は最初の者にして最後の者、また生きている者である。一度は死んだが、見よ、世々限りなく生きて、死と陰府の鍵を持っている。さあ、見たことを、今あることを、今後起ころうとしていることを書き留めよ。あなたは、私の右の手に七つの星と、七つの金の燭台とを見たが、それらの秘められた意味はこうだ。七つの星は七つの教会の天使たち、七つの燭台は七つの教会である。

エフェソにある教会の天使にこう書き送れ。『右の手に七つの星を持つ方、七つの金の燭台の間を歩く方が、次のように言われる。「私は、あなたの行ないと労苦と忍耐を知っており、また、あなたが悪者どもに我慢できず、自ら使徒と称して実はそうでない者どもを調べ、彼らの嘘を見抜いたことも知っている。あなたはよく忍耐して、私の名のために我慢し、疲れ果てることがなかった。しかしあなたに言うべきことがある。あなたは初めのころの愛から離れてしまった。だから、どこから落ちたかを思い出し、悔い改めて初めの頃の行ないに立ち戻れ。もし悔い改めなければ、私はあなたの所へ行って、あなたの燭台をその場所から取りのけてしまおう。だが、あなたには取り柄もある。ニコライ派の者たちの行ないを憎んでいることだ。私もそれを憎んでいる。耳ある者は霊が諸教会に告げることを聞くがよい。勝利を得る者には神の楽園にある命の木の実を食べさせよう」』

スミルナにある教会の天使にこう書き送れ。『最初の者にして、最後の者である方、一度死んだが、また生きた方が、次のように言われる。「私は、あなたの苦難や貧しさを知っている。だが、本当はあなたは豊かなのだ。自分はユダヤ人であると言う者どもが、あなたを非難していることを、私は知っている。実は、彼らはユダヤ人ではなく、サタンの集いに属している者どもである。あなたは受けようとしている苦難を決して恐れてはいけない。見よ、悪魔が試みるために、あなたがたの何人かを牢に投げ込もうとしている。あなたがたは、十日の間苦しめられるであろう。死に至るまで忠実であれ。そうすれば、あなたに命の冠を授けよう。耳ある者は霊が諸教会に告げることを聞くがよい。勝利を得る者は決して第二の死から害を受けることはない」』ペルガモンにある教会の天使に、こう書き送れ。『鋭い両刃の剣を持っている方が、次のように言われる。「私はあなたの住んでいる所を知っている。そこにはサタンの王座がある。しかし、あなたは私の名をしっかり守って、私の忠実な証人アンティパスが、サタンの住むあなたがたの所で殺されたときでさえ、私に対する信仰を捨てなかった。しかしあなたに対して少しばかり言うべきことがある。あなたの所には、バラムの教えを奉ずる者がいる。バラムはイスラエルの子らの前につまずきとなるものを置くようにバラクに教えた。それは、彼らに偶像に献げた肉を食べさせ、みだらなことをさせるためだった。同じように、あなたの所にもニコライ派の教えを奉ずる者たちがいる。だから、悔い改めよ。さもなければ、すぐにあなたの所へ行って私の口の剣でその者どもと戦おう。耳ある者は霊が諸教会に告げることを聞くがよい。勝利を得る者には隠されていたマンナを与えよう。また、白い小石を与えよう。その小石には、これを受ける者のほかには誰にも分からぬ新しい名が記されている」』ティアティラにある教会の天使にこう書き送れ。『目は燃え盛る炎のようで、足は真鍮のように輝いている神の子が、次のように言われる。「私はあなたの行ない、愛、信仰、奉仕、忍耐を知っている。更に、あなたの近ごろの行ないが、最初のころの行ないに優っていることも知っている。しかし、あなたに対して言うべきことがある。あなたはあのイゼベルという女のすることを大目に見ている。この女は、自ら預言者と称して私の僕たちを教え、また惑わして、みだらなことをさせ、偶像に献げた肉を食べさせている。私は悔い改める機会を与えたが、この女はみだらな行ないを悔い改めようとしない。見よ、私はこの女を床に伏せさせよう。この女と共にみだらなことをする者たちも、その行ないを悔い改めないなら、ひどい苦しみに遭わせよう。また、この女の子供たちも打ち殺そう。こうして、全教会は、私が人の思いや判断を見通す者だということを悟るようになる。

04 理解不能な文章をどうやって記憶するか

◆難解で分からないほどイメージ化力が求められる

これは、新約聖書の最後に出てくる『ヨハネの黙示録』の文章です。いったい何を意味しているのか。

何かを暗示していることは確かなのですが、非常に分かりにくく、古くから様々な解釈が行なわれてきました。

千年以上にわたって大勢の神学者や宗教学者、神父、牧師などが考えに考えて分からない（宗派ごとに解釈が異なる）文章ですから、速読して読もうが、一文字ずつ、一文節ずつ読もうが、分かりません。

分かったと思っても、それは実際には「分かったような気になった」だけです。

宗教書には概してそのような曖昧《あいまい》な文章が多く、様々な解釈が可能なために多くの宗派が分裂派生し、宗教戦争や対立が起きました。

例えばユダヤ教、キリスト教、イスラム教は全く別の宗教だと思っている人が日本人の大多数を占めますが、実際には三宗教とも旧約聖書は聖典として共通しており、キリスト教もイスラム教も共にユダヤ教からの分派なのです。

また、イスラム教はキリスト教を認めていないと思っている人も非常に多いのですが、それも大きな間違いで、イスラム教でもイエス・キリストに関しては〝偉大な預言者〟として認めているわけです（キリスト教では、イエス・キリストは単なる〝偉大な預言者〟ではなく〝神の子〟として考えられています）。

三宗教に共通の旧約聖書の中の『イザヤ書』なども非常に難解です。しかし、仕事で海外に行くとなれば、相手方の宗教について一定以上の知識を持っていることが必要になる場面は多々あります。

大多数の日本人のように〝形式宗教〟で実質的には何も信仰していなければ、どういうトラブルを起こして失敗するかしれたものではありません。

また、特に外国人と取引がなくても、私のような小説家でも、外国を舞台にした物語を書く場合に、リアリティを出すために新旧約聖書やコーラン、仏典を読む必要が出てきたりします。

ですから受験勉強ではなくても、読んだ片端から忘れていくようでは意味がないわけで、内容を覚える必要があります。

そのためには、とにかく書かれている内容をイメージ化することです。今の『ヨハネの黙示録』の文章であれば、スペクタクル映画のように、あるいはCGを駆使したSFXの映画のように、語られている状況を眼前に想像しなければなりません。

これは、あくまでも記憶するための補強イメージですから、それが宗教考証的に正しいか否かは関係ありません。

映像だけではなく、例えば「後ろの方でラッパのように響く大声を聞いた」の箇所では、その声質までもイメージしたいところです。

外国映画の吹き替えなどで、皆さんの考えたイメージにピッタリの声質の声優がいるでしょう。

そうしたら、その声優さんが感情を込めて朗読している、あるいはオペラのような舞台で天使や神の子を演じていて、あたかも『黙示録』の文章を演劇台本のように読んでいるかのようにイメージするわけです。

この「映像＋音声」のイメージ化ができれば、一字一句まで正確ではなくても、長期間にわたって記憶することは十分に可能になります。

スペクタクル映画やオペラの舞台のように大きなイメージを描くことができなければ、せめてキーワードとなっている単語をイメージしてください。

「ラッパ・巻物・教会・燭台《しょくだい》・足まで届く衣・金の帯・雪のように白い毛髪・真っ赤な目・真鍮《しんちゅう》のような足・剣のような牙」などですね。

これらを個別に映像的にイメージができれば『黙示録』の内容は記憶できます。ただ、情報量が少ない分だけ、どうしても記憶の持続力は短期間になり、記憶術のレベルにまでは到達しません。

◇伝聞報告は直接体験に変換してイメージ化するのが記憶術の鉄則

では、今度は逆に、内容は分かるけれども旧仮名遣いや旧漢字が用いられているために速読（あるいはチャンキング）がしにくい、という教材を出してみます。

これは岡本綺堂『半七捕物帖』の一節です。

その頃この番町に松村彦太郎といふ三百石の旗本が屋敷を持つてゐた。松村は相當に學問もあり、殊に蘭學が出來たので、外國掛の方へ出仕して、鳥渡羽振の好い方であつた。その妹のお道といふのは四年前に小石川西江戸川端の小幡伊織といふ旗本の屋敷へ縁付いてお春といふ今年三つの娘まで儲けた。

するると、ある日のことであつた。そのお道がお春を連れて兄のところへ訪ねて來て「もう小幡の屋敷にはゐられませんから、暇を貰つて頂きたうございます」と、突然に飛んだことを云ひ出して、兄の松村をおどろかした。兄はその仔細を聞き糺したが、お道は蒼い顏をしてゐるばかりで何も云はなかつた。「云はないで濟む譯のものでない、その仔細をはつきりと云へ。女が一旦他家へ嫁入りをした以上は、むやみに離縁なぞすべきものでも無し、されるべき筈のものでもない。唯だしぬけに暇を取つてくれでは判らない。その仔細をよく聞いた上で、兄にも成程と得心がまゐつたら、又掛合ひのしやうもあらう。仔細を云へ」

この場合、松村でなくても、先づかう云ふより外はなかつたが、お道は強情に仔細を明かさなかつた。もう一日もあの屋敷にはゐられないから暇を貰つてくれと、今年二十一になる武家の女房がまるで駄々つ子のやうに、たゞ同じことばかり繰返してゐるので、堪忍強い兄もしまひには悶れ出した。

「馬鹿、考へてもみろ、仔細も云はずに暇を貰いに行けると思ふか。また、先方でも承知すると思ふか。きのふや今日嫁に行つたのでは無し、もう足掛け四年にもなり、お春といふ子までもある。舅小姑の面倒があるでは無し、主人の小幡は正直で物柔かな人物。小身ながらも無事に上の御用も勤めてゐる。なにが不足で暇を取りたいのか」

叱つても諭しても手堪へがないので、松村も考へた。よもやとは思ふものゝ世間にためしが無いでもない。小幡の屋敷には若い侍がゐる。近所隣の屋敷にも次三男の道楽者がいくらも遊んでゐる。妹も若い身空であるから、もしや何かの心得違ひでも仕出来して、自分から身を退かなければならないやうな破滅に陥つたのではあるまいか。かう思ふと、兄の詮議はいよいよ厳重になつた。どうしてもお前が仔細を明かさなければ、おれの方にも考へがある。これから小幡の屋敷へお前を連れて行つて、主人の目の前で何も彼も云はしてみせる。さあ一緒に来いと、襟髪を取らぬばかりにして妹を引き立てようとした。

兄の権幕があまり激しいので、お道も流石に途方に暮れたらしく、そんなら申しますと泣いて謝つた。それから彼女が泣きながら訴へるのを聞くと、松村は又驚かされた。

　事件は今から七日前、娘のお春が三つの節句の雛を片附けた晩のことであつた。お道の枕もとに散らし髪の若い女が眞蒼な顔を出した。女は水でも浴びたやうに頭から着物までびしよ濡れになつてゐた。その物腰は武家の奉公でもしたものらしく、行儀よく疊に手をついてお辭儀してゐた。女はなんにも云はなかつた。また別に人を脅かすやうな擧動も見せなかつた。たゞ默つておとなしく其處にうづくまつてゐるだけのことであつたが、それが譬へやうもないほどに物凄かつた。お道はぞつとして思はず衾の袖に獅噛み付くと、おそろしい夢は醒めた。

　これと同時に、自分と添寢をしてゐたお春も同じく怖い夢にでもおそはれたらしく、急に火の付くやうに泣き出して、「ふみが來た。ふみが來た」と續けて叫んだ。濡れた女は幼い娘の夢をも驚かしたらしい。お春が夢中に叫んだふみといふのは、おそらく彼女の名であらうと想像された。

　お道は悸えた心持で一夜を明した。武家に育つて武家に縁付いた彼女は、夢のやうな幽靈話を人に語るのを恥ぢて、その夜の出來事は夫にも祕してゐたが、濡れた女は次の夜にも又その次の夜にも彼女の枕もとに眞蒼な顔を出した。その度ごとに幼いお春も「ふみが來た」と同じく叫んだ。氣の弱いお道は、もう我慢が出來なくなつたが、それでも夫に打ちあける勇氣はなかつた。

斯ういふことが四晩もつゞいたので、お道も不安と不眠とに疲れ果てゝしまつた。恥も遠慮も考へてはゐられなくなつたので、たうとう思ひ切つて夫に訴へると、小幡は笑つてゐるばかりで取合はなかつた。しかし濡れた女はその後もお道の枕邊を去らなかつた。お道がなんと云つても、夫は受付けて呉れなかつた。しまひには「武士の妻にもあるまじき」と云ふやうな意味で機嫌を惡くした。「いくら武士でも、自分の妻が苦しんでゐるのを笑つて觀てゐる法はあるまい」

お道は夫の冷淡な態度を恨むやうにもなつて來た。かうした苦しみがいつまでも續いたら、自分は遲かれ速かれ得體の知れない幽靈のために責め殺されてしまふかも知れない。もう斯うなつたら娘をかゝへて一刻も早くこんな化物屋敷を逃げ出すよりほかはあるまいと、お道はもう夫のことも自分のことも振返つてゐる餘裕がなくなつた。「さういふ譯でございますから、あの屋敷にはどうしてもゐられません。お察し下さい」思ひ出してもぞつとすると云ふやうにお道は此話をする間にも時々に息を嚥んで身をのゝかせてゐた。

この文章の覚えにくさは、旧仮名遣いと旧漢字だけではありません。内容的には『黙示録』とは違って難しくありませんが、ここに書かれている状況をイメージしようとすると普通では松本彦太郎という旗本のところへ、お道という妹が婚家から出戻ってきて二人で話しているシーンしか思い浮かびません。

そうすると、シーン自体に動きや変化がありませんから、読んだ当座は覚えられても、すぐに忘れてしまって記憶として定着しません。

それは、お道が婚家における奇怪な体験を兄に語る〝伝聞報告〟の形式を採っているのが理由で〝間接体験〟だから記憶しにくいのです。

これが映画やテレビドラマだったら——と想定してみてください。最初は、お道が顔面蒼白になって実家に逃げ戻ってくるシーンからスタートするでしょうが、すぐに場面は、実家における怪奇体験にカットバックするはずです。

つまり、映像的には、間接体験を直接体験に切り替えているわけですね。お道が延々と兄を相手に喋るシーンを映したところで面白くも何ともありませんから。

したがって、この内容を記憶しようとした場合には、同じ手法を採る必要があります。お道が喋っているシーンをイメージするのではなく、喋っている内容を、自分なりに読者が噛み砕いて解釈し、新たに独立したイメージを頭の中に構築しなければならないわけですね。

実際に受験勉強などで記憶しなければならない文章は、実は、このタイプのものが多数を占めるわけです。

「イメージ化すれば覚えやすいといわれたって、こんな文章をどうイメージすればいいんだよ?」という疑問を持った人も非常に多いはずです。

速読術を用いて繰り返し何度も読んで内容を覚えるのと同時に、直接体験型のイメージ(動きや変化がある映像を伴っている)を文章内容から組み立てる、という難しさがあるわけです。

ですが一旦それができれば〝鬼に金棒〟で、半年や一年どころか十数年も持続する強固な記憶とすることが可能になります。

では、そういう読み方をするための教材として、太平洋戦争前期の重要人物の石原莞爾《かんじ》の著作『最終戦争論』の文章を次にあげてみます。

石原完爾は関東軍作戦主任参謀として満州に赴任し、板垣征四郎らと満州事変を起こした首謀者ですが戦犯訴追を免れ、戦後は立命館大学の教授になりました。

戦争は武力をも直接使用して国家の国策を遂行する行為であります。今アメリカは、ほとんど全艦隊をハワイに集中して日本を脅迫しております。どうも日本は米が足りない、物が足りないと言って弱っているらしい、もうひと脅し脅せば日支問題も日本側で折れるかも知れぬ、一つ脅迫してやれというので、ハワイに大艦隊を集中しているのであります。つまりアメリカは、彼らの対日政策を遂行するために、海軍力を盛んに使っているのでありますが、間接の使用でありますから、まだ戦争ではありません。

戦争の特徴は、わかり切ったことでありますが、武力戦にあるのです。しかしその武力の価値が、それ以外の戦争の手段に対してどれだけの位置を占めるかということによって、戦争に二つの傾向が起きて来るのであります。武力の価値が他の手段にくらべて高いほど戦争は男性的で力強く、太く、短くなるのであります。言い換えれば陽性の戦争――これを私は決戦戦争と命名しております。ところが色々の事情によって、武力の価値がそれ以外の手段、即ち政治的手段に対して絶対的でなくなる――比較的価値が低くなるに従って戦争は細く長く、女性的に即ち陰性の戦争になるのであります。これを持久戦争と言います。

戦争本来の真面目は決戦戦争であるべ

きですが、持久戦争となる事情についてはは単一でありません。これがために同じ時代でも、ある場合には持久戦争が行なわれ、ある場合には決戦戦争が行なわれることがあります。しかし両戦争に分かれる最大原因は時代的影響でありまして軍事上から見た世界歴史は、決戦戦争の時代と持久戦争の時代を交互に現出して参りました。

戦争のこととなりますと、あの喧嘩好きの西洋の方が本場らしいのでございます。殊に西洋では似た力を持つ強国が多数、隣接しており、且つ戦場の広さも手頃でありますから、決戦・持久両戦争の時代的変遷が、よく現われております。

日本の戦いは「遠からん者は音にも聞け……」とか何とか言って始める。戦争やらスポーツやら分からぬ。それで私は戦争の歴史を特に戦争の本場の西洋の歴史で考えて見ようと思います。

古代――ギリシャ、ローマの時代は国民皆兵であります。これは必ずしも西洋だけではありません。日本でも支那でも原始時代は社会事情が大体に於て人間の理想的形態を取っていることが多いらしいのでありまして、戦争も同じことであります。ギリシャ、ローマ時代の戦術は極めて整然たる戦術であったのでありす。多くの兵が密集して方陣を作り、巧みにそれが進退して敵を圧倒する。今日でもギリシャ、ローマ時代の戦術は依然として軍事学に於ける研究の対象たり得るのであります。国民皆兵であり整然たる戦術によって、この時代の戦争は決戦的色彩を帯びておりました。アレキサンダーの戦争、シイザーの戦争などは割合に政治の掣肘を受けないで決戦戦争が行なわれました。

ところがローマ帝国の全盛時代になりますと、国民皆兵の制度が次第に破れて来て傭兵になった。これが原因で決戦戦争的色彩が持久戦争的なものに変化しつつあったのであります。これは歴史的に考えれば東洋でも同じことであります。お隣りの支那では漢民族の最も盛んであった唐朝の中頃から、国民皆兵の制度が乱れて傭兵に堕落する。その時から漢民族の国家生活としての力が弛緩しております。今日まで、その状況がずっと継続しましたが、今次日支事変の中華民国は非常に奮発をして勇敢に戦っております。それでも、まだどうも真の国民皆兵にはなり得ない状況であります。長年文を尊び武を卑しんで来た漢民族の悩みは非常に深刻なものでありますが、この事変を契機としまして何とか昔の漢民族にかえることを私は希望しています。

前に返りますが、こうして兵制が乱れ政治力が弛緩して参りますと、折角ローマが統一した天下をヤソの坊さんに実質的に征服されたのであります。それが中世であります。中世にはギリシャ、ローマ時代に発達した軍事的組織が全部崩壊して、騎士の個人的戦闘になってしまいました。一般文化も中世は見方によって暗黒時代でありますが、軍事的にも同じことであります。

それが文芸復興の時代に入って来る。文芸復興期には軍事的にも大きな革命がありました。それは鉄砲が使われ始めたことです。先祖代々武勇を誇っていた、いわゆる名門の騎士も、町人の鉄砲一発でやられてしまう。それでお侍の一騎打ちの時代は必然的に崩壊してしまい、再び昔の戦術が生まれ、これが社会的に大きな変化を招来して来るのであります。

当時は特に十字軍の影響を受けて地中海方面やライン方面に商業が非常に発達して、いわゆる重商主義の時代でありましたから、金が何より大事で兵制は昔の国民皆兵にかえらないで、ローマ末期の傭兵にかえったのであります。ところが新しく発展して来た国家は皆小さいものですから、常に沢山の兵隊を養ってはいられない。それでスイスなどで兵隊商売即ち戦争の請負業ができて、国家が戦争をしようとしますと、その請負業者から兵隊を傭って来るようになりました。そんな商売の兵隊では戦争の深刻な本性が発揮できるはずがありません。必然的に持久戦争に堕落したのであります。しかし戦争がありそうだから、あそこから三百人傭って来い、あっちからも百人傭って来い、なるたけ値切って傭って来いというような方式では頼りないのでありますから、国家の力が増大するにつれ、だんだん常備傭兵の時代になりました。軍閥時代の支那の軍隊のようなものでありました。常備傭兵になりますと戦術が高度に技術化するのです。くろうとの戦いになると巧妙な駆引の戦術が発達して来ます。けれども、やはり金で傭って来るのでありますから、当時の社会統制の原理であった専制が戦術にもそのまま利用されたのです。

その形式が今でも日本の軍隊にも残っております。日本の軍隊は西洋流を学んだのですから、自然の結果であります。たとえば号令をかけるときに剣を抜いて「気を付け」とやります。「言うことを聞かないと切るぞ」と、おどしをかける。もちろん誰もそんな考えで剣を抜いているのではありませんが、この指揮の形式は西洋の傭兵時代に生まれたものと考えます。刀を抜いて親愛なる部下に号令をかけるというのは日本流ではない。日本では、まあ必要があれば采配を振るのです。敬礼の際「頭右」と号令をかけ指揮官は刀を前に投げ出します。それは武器を投ずる動作です。刀を投げ捨てて「貴方にはかないません」という意味を示した遺風であろうと思われます。また歩調を取って歩くのは専制時代の傭兵に、弾雨の下を臆病心を押えつけて敵に向って前進させるための訓練方法だったのです。

金で傭われて来る兵士に対しては、どうしても専制的にやって行かねばならぬ。兵の自由を許すことはできない。そういう関係から、鉄砲が発達して来ますと、射撃をし易くするためにも、味方の損害を減ずるためにも、隊形がだんだん横広くなって深さを減ずるようになりましたが、まだ専制時代であったので、横隊戦術から散兵戦術に飛躍することが困難だったのであります。

横隊戦術は高度の専門化であり、従って非常に熟練を要するものです。何万という兵隊を横隊に並べる。われわれも若いときに歩兵中隊の横隊分列をやるのに苦心したものです。何百個中隊、何十個大隊が横隊に並んで、それが敵前で動くことは非常な熟練を要することであります。戦術が煩瑣なものになって専門化したことは恐るべき堕落であります。それで戦闘が思う通りにできないのです。ちょっとした地形の障害でもあれば、それを克服することができない。

そんな関係で戦場に於ける決戦は容易に行なわれない。また長年養って商売化した兵隊は非常に高価なものであります。

◇間接体験を直接体験に変換するには元映像が必要となる

どうでしょうか？　まともに読んでイメージすると、石原莞爾が演壇に立って大演説をぶっている光景しか思い浮かばないでしょう。

しかし、そんなイメージは間接体験ですから、記憶として定着しないで、すぐに忘れてしまいます。

ここで石原莞爾が語っている内容を噛み砕いてイメージするとなると、ハワイの真珠湾にアメリカが太平洋艦隊を集結させているシーンから始まって、アレキサンダー大王とかローマ皇帝シーザーが戦争している場面の一大スペクタクル絵巻まで想像しなければならなくなります。

ですが二〇〇四年に制作されたアメリカ映画『アレキサンダー』や、古くは一九六三年に主演エリザベス・テーラーで制作された『クレオパトラ』といった映画を見た人でなければ、想像することさえできないでしょう。

イメージするためには、その〝元となる映像〟が実は必要になるのです。

話を少し元に戻しますが、英単語を覚えようとする場合に、ブツ切り状態の英単語だけでは覚えられない理由は、相互に関連づける〝糊〟となる情報が欠落しているばかりか、イメージの元となる映像もまた存在していないからなんですね。

ですから英単語を記憶するためのベスト教材は単語を含んだ例文が必ずついているのみならず、イメージ的に映像化しやすい内容の文章で、しかもそれを具体的に描いたイラストがついているもの、ということになります。

しかし、そんな手頃な教材は書店を探しても、なかなか都合よく見つかりません。ですから、映画を最大限に活用することを勧めます。

最近は人気映画のシナリオ集が販売されるようになり、アメリカ映画やイギリス映画のシナリオ集も日本国内で入手できます。

これを片手に繰り返し映画とシナリオを読み比べるようにすれば、会話を丸覚えできます。私はフランス語修得のために、アラン・ドロンやジャン・ギャバン主演の映画を山ほど見ました。

それでは次の章では、多くの人の関心事である就職試験、資格試験の受験勉強法にテーマを置いて話を進めることにしましょう。

5章

就職試験、各種資格試験のための速読記憶術

01

どうやって一般常識問題に取り組むか

◇テレビもインターネットも大いに活用しよう

この章では各種資格試験に具体的に話を進めますが、その前に就職試験のことも考える必要があります。

なぜなら大多数の資格試験は、パスして資格を取得しても、その資格を活かせる会社や公的機関に就職しなければ活用できません。

あるいはその逆に、いったん就職してからでも、組織の中で昇進していくためには特定の資格を取得していることが求められ、多忙な仕事の合間を縫って資格試験の勉強をしなければならない、という状況も起きます。

いずれにせよ現代社会では、大多数の人が就職試験にパスする必要があるわけです。

その就職試験の中に必ずといっていいほど入っているのが、一般常識問題です。また、一般教養として常識問題が含まれている資格試験もあります。

これで引っかかって落とされるわけにはいきません。一般常識問題には、だいたい次のような分野が含まれます。

①国語・文学・外来語の知識など
②英語（第二外国語の能力も求められる場合があります）
③地理・歴史（日本史と世界史）
④政治・法律・経済・時事問題
⑤数学・物理・化学・生物・医学など理科的な知識

この一般常識問題が、最近では意外にテレビのクイズ番組で出題されます。島田紳助やユースケ・サンタマリアが司会している番組など、気分転換に見るには最適でしょう。

世間知らずのアイドルタレントの〝おバカ回答〟で笑わせられますが、意外に重要な問題が出題されているので、見終わったら、どんな問題が出題されたのかを思い返してみてください。

映像が伴っているので、記憶の定着率が高いです。ＶＴＲ収録しておいて見直すのも、記憶を定着させる意味で悪くありません。

◇まずは日本文学史から

日本文学史上の有名な作品といえども、それを実際に読む人というのはまれです。大学の国文科に籍を置いた学生でさえ、まず読みません。

要するに、中身を知らないのにタイトルだけ覚えなければならないわけで、これは記憶という観点に立つと、最も覚えにくいものです。

イメージしたくとも、中身を知らないわけですから、イメージのしようがないんです。たとえるなら、一度も食べたことのない料理の名前や、一度も飲んだことのない酒の銘柄を覚えていて書き出しなさい、と要求されるようなものです。

これはもう、繰り返し機械的に見て覚える以外にありません。試験は横書き印刷で出題される場合も多いので、次ページに文学史のキーワードを載せますから、チャンキングの要領で一度に複数の言葉を読み取る練習を積んでください。

『古事記』稗田阿礼・太安万侶　『日本書紀』舎人親王
『万葉集』大伴家持　『古今和歌集』紀貫之・紀友則
『竹取物語』　『土佐日記』紀貫之
『蜻蛉日記』藤原道綱母　『宇津保物語』
『往生要集』源信　『枕草子』清少納言
『源氏物語』紫式部　『更級日記』菅原孝標女
『大鏡』　『今昔物語集』
『千載和歌集』藤原俊成　『山家集』西行
『無名草子』　『新古今和歌集』藤原定家
『方丈記』鴨長明　『金槐和歌集』源実朝
『保元物語』　『平家物語』
『愚管抄』慈円　『宇治拾遺物語』
『十六夜日記』阿仏尼　『徒然草』吉田兼好
『神皇正統記』北畠親房　『太平記』
『風姿花伝』世阿弥　『義経記』
『好色一代男』『日本永代蔵』『世間胸算用』井原西鶴
『奥の細道』松尾芭蕉　『曾根崎心中』近松門左衛門
『折たく柴の記』新井白石　『雨月物語』上田秋成
『玉勝間』本居宣長　『東海道中膝栗毛』十返舎一九
『浮世風呂』式亭三馬　『南総里見八犬伝』曲亭馬琴
『おらが春』小林一茶　『東海道四谷怪談』鶴屋南北
『偐紫田舎源氏』柳亭種彦　『北越雪譜』鈴木牧之

坪内逍遥『小説神髄』
福沢諭吉『学問のすゝめ』
仮名垣魯文『安愚楽鍋』
二葉亭四迷『浮雲』
尾崎紅葉『金色夜叉』
幸田露伴『五重塔』
森鴎外『舞姫』『雁』
樋口一葉『たけくらべ』
泉鏡花『高野聖』『婦系図』
島崎藤村『破戒』『若菜集』
田山花袋『蒲団』
夏目漱石『吾輩は猫である』
北村透谷『蓬莱曲』
土井晩翠『天地有情』
上田敏『海潮音』
与謝野晶子『みだれ髪』
石川啄木『一握の砂』
永井荷風『ふらんす物語』
谷崎潤一郎『痴人の愛』
武者小路実篤『お目出たき人』
志賀直哉『暗夜行路』
有島武郎『或る女』
倉田百三『出家とその弟子』
芥川龍之介『鼻』
中里介山『大菩薩峠』
吉川英治『宮本武蔵』
大佛次郎『鞍馬天狗』
高村光太郎『智恵子抄』
萩原朔太郎『青猫』
小林多喜二『蟹工船』
太宰治『斜陽』『人間失格』
坂口安吾『堕落論』
堀辰雄『風立ちぬ』
中島敦『山月記』『李陵』
川端康成『伊豆の踊子』
埴谷雄高『死霊』
安部公房『砂の女』
三島由紀夫『仮面の告白』
大岡昇平『俘虜記』『野火』
井上靖『闘牛』『天平の甍』
円地文子『女坂』
島尾敏雄『死の棘』
遠藤周作『白い人』『沈黙』
大江健三郎『われらの時代』

◇ブッ切り情報の記憶には語呂合わせを使う

括弧内に入っているのが作品名で、その脇に載っているのが作者です。何もないのは、作者不詳の作品です。

この中で、どれくらいの作品を読んだことがありますか？　一割も読んでいたら、あなたは相当な読書家です。一冊も読んでいなくても不思議ではありません。

こういう固有名詞の羅列を覚えるのが最も難しくて、記憶術の通用しにくい世界です。語呂合わせでこじつけるなどして強引にイメージ化すれば何とか記憶できますが、個々のデータの間に関連性が薄いブッ切り情報なので、覚えるためのイメージ化作業そのものが難儀です。

お経のように大声で読み上げて繰り返し唱えたほうが早く覚えられたりしますが、それでは速読の流れに逆行します。

それくらいなら、いっそ単純に何度も繰り返して見て、チャンキングのトレーニングとして使い、機械的に覚えてしまったほうが得策です。

最初は一作品ずつしか読み取れないでしょうが、徐々に視野を拡大していき、最低でも四作品が一度に読み取れるように練習を積んでください。

そこまで視野を拡大できれば、目を閉じた時、ページの中でどのように配置されていたか、映像的に思い出せるはずです。

そうすれば、この一覧表は、ほぼ作品の発表順に並べてありますから「次の作品群を、古い順に並べ替えなさい」といった設問にも対応することができます。

◇ダイジェスト本で〝急がば回れ〟の手もある

それでもなお覚えられない人には『あらすじで読む日本の名著』『あらすじで読む世界の名著』『2ページでわかる日本の古典傑作選』といった本が出版されていますので、役立ててください。

日本文学史と同様に、世界の名著もまた常識問題の一環として出題される可能性は十分にあります。

急がば回れ——という有名な言葉があります。タイトル&著者名の一覧表だけを見て覚えようとするのに比べ、ダイジェスト本を読むのは相当に読む分量が増えるので、かなり遠回りのような気がしますが、結果的に覚えるまでの時間は短くてすみます。

読んだら、その内容を頭の中で映画的な情景としてイメージ化する作業を行なってください。そうすれば記憶として定着します。

『あらすじで読む日本の名著』『あらすじで読む世界の名著』『2ページでわかる日本の古典傑作選』の三冊全部でも、一日あれば楽に読み通せます。ただし、速読術を身につけて以降の話ですが。

急がば回れといっても、それほど極端に遠回りすることにはなりません。

◇四字熟語や難読漢字も頻出される

テレビのクイズ番組では四字熟語や難読漢字がよく出されますが、これは就職試験でも頻出です。

期限までに問題を作成しなければならない、と出題者が切迫してきた時に、簡単に作成できるからでしょうか。

これはインターネットを活用しましょう。ネット検索をかけると、四字熟語や難読漢字を紹介したサイトが、けっこう見つかります。

インターネット上のサイトというのは、記憶術はともかく、速読術の訓練には、かなり役立ちます。

具体的にどういうトレーニングをするかといいますと、ディスプレイに四字熟語や難読漢字を表示したら、読めても読めなくても、PageDown《↓》のキーを押して、どんどん強制的に画面をスクロールしてしまうのです。

表示が一行でなく、複数行に跨って表示されているサイトもあります。そういうサイトでは同時に視野拡大のチャンキングの練習も積めます。

ですから、一ページに表示されている分量が多いサイトを選ぶようにしてください。

◇潜在能力を伸ばす秘訣は必要に迫られる状況に身を置く

読めようが読めまいが、画面をどんどんスクロールします。文字が全く読み取れないくらいの猛スピードほど、いいです。

そのうちに目が慣れてきて、何とか文字が見える状態になります。文字は見えるけれども読み取るには速すぎる、というスピードになります。

そういう状態になったら、ちょっとだけPageDown《↓》のキーを押すペースをゆるめてください。そうしたら、今度は相当程度まで読み取れるはずです。

スクロールのペースを上げて落とし、上げて落とす——を続けます。そうすると、潜在能力が活性化されて、どんどん速読能力が身についてきます。

なぜなら、視野を拡大しないと大量の文字をいっぺんに読み取ることができないので、必要に迫られて否応なしに視野も広がるからです。

そもそも生物は「必要でない機能は退化する・必要に迫られた機能は発達する」という特質を備えており、決して人間も例外ではありません。

速読術や記憶術を身につけようと考えたら、必要に迫らせればいいのです。

そうすると「俺には速読術や記憶術が必要だ。でも、ちっとも身につかないぞ」という人がいるかもしれません。

それは「必要性」が心理的なレベルに留まっている（目で見る、耳で聞く等の肉体的機能を全く使っていない）からです。人間は原始的な生体反応で「敵が接近中だ！」と誤認識して交感神経が発動してしまい、頭脳労働には最も不向きな状態になり、マイナス効果です。

交感神経の発動を抑えるのが、速読術修得の最大ポイントの一つです。

02

潜在能力を引き伸ばすための基本原理

◆「心理的な必要性」と「物理的な必要性」は根本的に異なる

潜在能力を引き伸ばすには「物理的な必要性」を身体に感じさせなければなりません。パソコンのディスプレイに表示された文字群を強制スクロールで次々に動かすのは、目という〝出先機関〟を通じて大脳に物理的な刺激を与えるためです。

オリンピック代表になるような水泳選手は、長い間のトレーニングで指の間に蛙のような水掻《か》きが発達してきます。

もちろん、蛙ほどに大きな水掻きではありませんが、それでも水泳を全然しない人の手と比べたら「これは明らかに水掻きだ!」といえるくらいに指と指の間の皮膚が発達するのです。人間は「物理的な必要性」に迫られれば、手に水掻きさえ形成させるのですから、目を鍛えて速読させるくらいは造作もありません。

テレビで、ボクサーが高速で移動する物体を見極める動体視力に非常に優れている場面が時おり放映されます。亀田三兄弟が脚光を浴びるようになってから、特にそれが増えたような気がします。

動体視力が鍛えられたボクサーは、新幹線の窓に内側から貼られた大書した文字を通過ホームに立っていて読み取るといった芸当が苦もなくできますが、普通の人では読み取るどころか、いったいどの窓に文字が貼り出されていたのかを見極めることさえ困難です。

しかし、そんなボクサーでも、生まれついてそんな凄い動体視力を身につけていたわけではありません。長い間のトレーニングを通じて、「眼前に急速に接近してくる物体」を見極めて回避しなければならない「物理的な必要性」に迫られて能力を発達させたわけです。

速読術も記憶術も根幹はそこで、いかに「物理的な必要性」を身体に感じさせるか（目で見る、耳で聞く、指で触れる等の五感を実際に働かせる）が修得のキーポイントなのです。速読術は五感の内の視覚を用いるわけですから、ただ「必要だ！」と思うだけで目に刺激を与えてやらないと、実際に視覚は発達せず、異常緊張で交感神経だけが作動してしまいます。

人間の「生物としての本能」の部分に着目すれば、まだまだ記憶術などのトレーニング方法は見出せるだろうと私は考えています。

インターネットでそういうサイトを探すのが面倒くさい、という人もおられるでしょうし、手持ちのパソコンが機能的にそれほどスムーズに画面の高速スクロールができない、という人もおられるでしょう。そういう人のためには、速読記憶術ソフトのＣＤも市販されています。これは、巻末で紹介しておきます。

◆英語は和訳文と一緒に覚えるのがベスト

常識問題で頻出されるものの一つに、諺があります。日本語の諺は無論ですが、英語の基礎学力を見る試験でも諺が出題される場合がけっこうあります。

大学受験の勉強で過去問を繰り返し見る場合には、問題のすぐ下に解答が来るように、巻末の解答をコピーするなどして貼り付け、作り替えてしまうのがベスト、という趣旨のことを書きました。

「この意味は何だっけな?」などと考えているよりは、すぐ下に貼り付けておいて、何度も繰り返し見て、機械的に覚えてしまったほうが遙かに有効なのです。

If you run after two hares, you will catch neither.
二兎を追う者は一兎をも得ず。
Bad news travels fast.
悪事千里を走る。
An argument clears away bad feelings between people.
雨降って地固まる。
Giving birth is easier than the worry.
案ずるより産むが易し。
A burnt child dreads the fire.
羹に懲りて膾を吹く。
A beggar in a hurry receives little.
慌てる乞食は貰いが少ない。
Many a little make a mickle.
塵も積もれば山となる。
Outstanding people are obstructed by their peers.
出る杭は打たれる。
Brothers in suffering are mutually sympatheic.
同病相憐れむ。
They are all of the same calibre.
団栗の背比べ。
High-ranking people don't live in humble surroundings.
呑舟の魚は細流に棲まず。
Domestic quarrels are insignificant for other people.
夫婦喧嘩は犬も食わぬ。

Honey is sweet, but the bee stings.

河豚は食いたし、命は惜しし。

A love, once broken, is never the same again.

覆水盆に返らず。

There is no royal road to learning.

学問に王道なし。

Fear magnifies objects.

疑心暗鬼を生ず。

Politeness between rivals who have met by chance.

呉越同舟。

With a narrow point of view, one cannot comprehend a situation in its entirety.

群盲、象を撫ず。

A kingfisher and a clam were struggling and both proved an easy catch for a fisherman.

漁夫の利。

Do not seek to justify past failure.

敗軍の将は兵を語らず。

She seems out of place in such vulgar surroundings.

掃き溜めに鶴。

The early bird catches the worm.

早起きは三文の得。

03

実戦、資格試験対策の記憶術へ

◇自主教材を作成してみよう

まだまだ一般教養とか常識問題として出題される分野はあるわけですが、それらを全て本書で網羅しようとするとページがつきてしまいます。

できれば、これまでに紹介した方法で自主教材を作成してください。

ここで以前に紹介した「視野を広げて見るほど記憶の定着度があがる」という原理を、思い返してください。

一見すると紙の無駄のようですが、コピーする場合は原寸ではなく、拡大コピーするのです。

そうして、それを切ったり貼ったりして速読記憶術用の教材を作成します。過去問なら問題の直下に解答を。英文なら、その直下に和訳文を。

◆ベストの方法は丸写しにあり

ですが、ベストの方法はコピーして切り貼りし、教材を作成することではなく、面倒なようですが、パソコンなりワープロなりで丸写しに写し取ることです。

実は目で見るだけと、手を使って写し取ったのでは記憶の効率には極端な開きが出るんです。

これは、おそらく大多数の人が英単語を暗記する時に実行しているんじゃないかと思います。

英単語のスペルを覚えようとした時に、ただ見ているだけでスペルを正確に覚えることができましたか？

それができた人は、生まれついて非常に優秀な記憶力を備えている人です。大多数の人は、何度も何度も紙に書かなければ暗記できません。

で、何とか暗記できたと思っても、翌日には、あるいはほんの数日で記憶が曖昧になり、記憶力の悪い人だと忘れてしまい、またゼロからやり直しです。

手書きの丸写しは、ただ見るよりはベターですが、まだまだ非能率的なのです。

◇手は外に出た脳である

ドイツの有名作家にして詩人のゲーテが「手は外に出た脳である」という名言を残していますが、これは医学的に立証されています。

例えば算盤《そろばん》とか電卓、パソコンやワープロのキーボードのように、指先を強く刺激する作業を日常的に行なっていると、認知症になりにくくなるといわれています。

また、脳障害を起こした人にそういう作業を行なわせると、ただ何もせずにいるよりは機能回復が加速される現象も立証されています。

頭を使いながら手を動かすと脳の血流が増加し、脳の働きが活性化します。東洋医学的ないい方をすれば、指先には脳に直結したツボが密生しているので、ツボ刺激によって脳が活性化するのです。

ですから英単語の暗記作業も紙に書きつけるよりは、ワープロやパソコンで打ったほうがいいのです。

試しに、紙に書きつけてみてください。あなたの指先は、どのくらい刺激されていますか？　キーボードを打つ場合と比べて指先の刺激度はどうですか？

◇パソコンやワープロで打ったほうが記憶は定着する

ほら、もう分かったでしょう。書きつける場合には指先は鉛筆やボールペン等の筆記具を支えているだけです。

刺激が全然ないわけではありませんが、キーボードを打ち続けるほうが刺激が大きいのは一目瞭然で自覚できます。

私は小説家になりたい人を養成する講座を主宰していますが、文章に上達する最短方法は、上手な作家の文章をワープロなりパソコンなりで丸写しにさせることです。

名文家の文章をどれほど大量に読んでも、まず絶対に、その人の文章に近づいた文章が書けるようにはなりません。

ところが、ワープロやパソコンで丸写しにすることをやってみると、たちまちのうちに文章は上達していきます。

画家志望者が有名画家の作品を模写することを画力向上訓練の一環としてやりますが、それと全く同じですね。

実は、この原理は資格試験の勉強にも十分に応用が利くのです。

◇自分で四倍角教材を作成してみよう

受験勉強の参考書末尾の索引を拡大コピーしてチャンキングのトレーニング教材にするとよい、と述べましたが、多少なりとも時間的余裕がある人はパソコンなりワープロなりで四倍角で打って自主教材を作成するのがベストの方法です。

まさに〝急がば回れ〟なのです。

四倍角にすれば否応なしに視野が広がって記憶力が向上しますし、出来合いのコピーではたくさんの文字をいっぺんに読み取れるようにチャンキングのレベルをあげていく、ということができません。

特に資格試験では、たくさんの問題の中から正しいものを選ばせるとか、間違っているものを選ばせる択一式の問題が数多く出題されます。

ですから設問を読み取る時間を可能な限り短縮し、そこで生み出した余剰時間を考える作業に振り向けるのが得策です。

資格試験の問題は文章自体に特徴がありますから、ちょっとそういう教材見本を作ってみることにしましょう。

年単位の変形労働時間制

統括安全衛生責任者の選任

年齢階層別の最低最高限度額

民事損害賠償と遺族補償年金

雇用保険被保険者離職証明書

詐害行為取消権の被保全債権

弁済業務保証金分担金の返還

計画修繕積立金等の減免

第一種低層住居専用地域

瑕疵担保責任規定の準用

譲渡損失の繰越控除の適用

不在者の財産管理人の選任

事務処理費用の前払い請求権

無権代理行為の取り消し

貸金債権の消滅時効の完成

共有物不分割の特約

被担保債権の優先弁済

相隣関係による囲繞地通行権

根抵当権の極度額の増額登記

仮差押解放金の取戻請求権

共同相続人間の財産帰属状態

善意無過失時効と悪意時効

◇大文字の教材ほど視野が拡大されて速読記憶術が身につく

どうでしたか？　四倍角の文字で印刷されていると、読み取るのに短時間ですむし、いっぺんに広範囲に目が行き届くということが実感できるはずです。

一行が最大で一三文字で印刷されています。この一三文字が、通常の大きさでは全部を一度に読み取れなかった人でも、意外にすんなりと視界にキャッチすることができたのではないでしょうか。

通常の大きさで一三文字が読み取れた人なら、二行の二六字がまとめて読み取れるかもしれません。

そうなったら「しめた！」ものです。記憶力も向上して、目を閉じたら自主教材の文字群が眼前に思い浮かぶようになるはずです。

どんどんパソコンかワープロに打ち込んでいき、自主教材を作成しましょう。この訓練を積み重ねておくと、実際に試験に臨んだ時にも極めてスムーズに問題文を読み取ることができます。

精神的に余裕が生まれるのでアガりにくく、全てがよい方向に転がっていきます。

◇パソコンのディスプレイ画面がそのままトレーニング教材に

実は、パソコンでこういう自主教材を作成する場合には、いちいち紙に印刷する必要がないのです。

パソコンには、ディスプレイ上に表示する文字の大きさを変えられるズーム機能があります。

機種によっては、ワープロでも可能かもしれません。

文書の一行の文字設定を二〇字ぐらいしか表示できないように変更した上で、ズーム機能を用い、画面一杯に文字が広がるようにします。

二五〇～二八〇％ぐらいの数値を設定すると、だいたいディスプレイ画面に一杯になるはずです。

字体も通常の明朝体ではなく、太いゴシック体にすると、なお一層、読みやすくなります。

こういう工夫をした上でPage up《↑》とPage down《↓》のキーを駆使して画面を高速でスクロールし、アップダウンさせます。

たちまち目が慣れてくるのを実感でき、たいてい訓練開始当日から効果が現れます。

なります。

◇一石二鳥の自主トレーニング教材作成

パソコン画面を高速スクロールすると、これは簡便な速読記憶術トレーニングソフトとなります。

まず、この自主教材を作成するために、今から受験しようと志している資格試験の重要なキーワードや過去問を打ち込む作業をしましょう。この段階で、指先刺激による大脳の活性化で、相当な分量の必要データを記憶することができます。

翌日は、その続きを打ち込む前に、前日までに打ち込んだ文章や単語集を頭から全部、高速スクロールさせながら読み返します。

そうすると、文字が大きく表示されている分だけ本などの印刷物で読み返すよりも速いスピードで読み返すことができて、どんどん速読能力がアップしていきます。

また、打ち込んだ時点で相当な分量が否応なしに記憶されていますから、繰り返し読むことで記憶の定着率は非常に高くなり、ほとんど丸暗記したぐらいに中身を細部まで記憶できます。

ですから、一石二鳥といえるわけです。

◇自主トレーニング教材の唯一の弱点

ただ、この方法には欠点があります。いうまでもなく、十分なデータを打ち込むまでにかなりの時間を費やさなければならないことで、受験までの準備期間が短い、短期決戦の受験勉強には向いていません。

しかし、一年ぐらい準備期間があって、打ち込み時間も確保できる人には、この方法はベストだと断言できます。

前のほうで、四字熟語や諺のサイトをインターネット上から探し出して高速スクロールさせる方法を紹介しましたが、この自主教材による方法のほうがトレーニング効果は格段に上です。

ただ短期決戦の場合、インターネットは有効です。しかしインターネット上のサイトは、速読記憶術の訓練に利用されることを想定しては作られていません。当たり前の話ですが。文字もそれほど大きくはありませんし、サイトを覗く人が楽しめるように様々な修飾のデコレーションが施されています。そのためにデータ量が大きくなって重くなり、キーを操作して高速スクロールさせようとしても、一定以上のスピードにならなかったりします。

ですが自分でパソコンに打ち込むデータであれば、余分なものはない文字情報だけですし、テキストデータにすれば、まるまる本を一冊分くらい写したとしても容量は大したことはありません。

三〇〇〜四〇〇KBもデータを打ち込んだら、これはもう、どんな分野の資格試験であろうと、十分な受験勉強ができる分量です。

◇受験勉強の基本は「塵も積もれば山となる」にあり

例えば、疲れて頭が働かない時。色々な理由で体調不良だったり、どうしても学習意欲が湧かない時などでも、わずかな時間を利用してデータを打ち込むことを習慣づけるようにしましょう。

そうすると〝塵も積もれば山となる〟の言葉どおりで、立派な速読記憶術の自主教材が出来上がります。

私は、プロの小説家として三〇年以上のキャリアがありますが、たいして才能に恵まれているわけでもない私がここまでやってこられた理由は、ひとえに「執筆量がゼロの日を、絶対に作らない」を信条にしてきたからです。

大晦日だろうが元旦だろうが、インフルエンザでぶっ倒れていようが、絶対にパソコンに向かって原稿を打ちます。

結石で倒れて入院して手術を受けた時でさえ、病院のベッドの上で、ノートパソコンで原稿を打ちました。

もちろん、体調が最悪ですから、ロクな原稿は打てません。結果的に使い物にならない原稿を打ってしまって全ボツ、ということもありました。

それでもいいのです。〝継続は力なり〟という言葉もあるように、とにかく、ひたすらやり続けることが肝心なのです。

私の場合、全く執筆しなかった日は、この一〇年間トータルで、せいぜい一日か二日程度です。

◆努力に優る天才なし――は受験勉強にも当てはまる

世の中の大部分の分野において、最終的に勝つのは才能がある人ではありません。絶対に諦めない人が勝つのです。

小説家になり、ずっと活躍できる人は、文才に恵まれた人ではなくて「自分は絶対に小説家になるんだ!」という意志を何十年にもわたって維持し、努力を続けられる人です。

それはもちろん、才能があって努力を怠らない人には勝てませんが、どの分野を見てもそんな人は、ほんの一握りしか存在しません。

例えばプロ野球界は、草野球の人から見たら才能に恵まれた人の集団ですが、その中で、なお地道な努力を続けられる人が、どれくらいいるでしょうか——と考えてみれば、直ちに分かります。

イチロー、野茂、松井、松坂……全選手の中の一割ぐらいのものでしょう。

どんな分野であろうとも〝才能に恵まれていて努力を怠らない人〟だけで定員が埋まることは絶対にありません。

凡庸な才能しかなくても努力を怠らなければ、定員の末席に滑り込むのは難しいことではないのです。

資格試験も「絶対に受かる！」という意志を持って受験勉強に取り組めば、必ず合格の吉報を得られます。

問題は、その方法を間違えないことです。

04

記憶術マスターの秘訣は無理をしないこと

◇方向違いの記憶方法を排除しよう

方向違いの無駄な努力を重ねたのでは、東京から大阪に行くのに東北新幹線に乗るようなことになりかねません。

方向違いの無駄な努力とは、前述しましたが英語をマスターしようとして単語だけを丸暗記する作業に取り組んだり、覚えるべきことを細切れ状態に分断してしまうことです。

コンピュータならば、細切れ状態だろうと何だろうと丸覚えに記憶してしまいますが、人間の脳は、そのように作られていません。

もし、人間の脳に忘却という機能がなかったら、どんな不愉快なこと、忘れたいことでも脳から抹消することができず、おそらく苦痛に耐えられなくなって気が狂ってしまうでしょう。

◇忘却とは優れた自己防衛本能

忘却というのは、実は優れた自己防衛本能の一つなのです。

「僕は絶対に忘れない」などと豪語する人物は、実はものすごく気の毒な人なのだ、と思ってください。

ブツ切りの細切れ状態のデータを覚えようとする作業は、人間にとっては無意味に思える苦痛な刺激です。

だから、延々と努力しても覚えられないわけです。

覚えようと考えたら、何かしらデータ同士に相互の関連づけを行ない、多少なりとも楽しめる工夫を暗記作業の中に導入しなければなりません。

例えば無意味な数字の羅列である円周率には、次のような語呂合わせがあります。

「産医師、異国に向かう。産後薬《さんごやく》なく、産婦、宮城《みやしろ》に虫さんざん闇に鳴く」

（3・14159265358979323846264338327 9）

この場合、単に語呂合わせするだけでなく、その状況を映画でも撮影するように頭の中で情景に思い描くわけです。

あなたは、開発途上国に向かおうとしている産婦人科の医師です。その国には、産後の肥立《ひだ》ちが悪い女性に投与する薬がないので、あなたは産後薬を持っていきます。

外国から医師を呼び寄せるくらいですから、その産婦は王族の女性で、宮城に居住しています。

しかし、貧乏国なので電気も十分になく、夜ともなれば真っ暗闇に包まれて、さんざん虫が鳴いています……。

どうですか？　これで円周率三一桁が、すんなり頭に入ったでしょう。

文字を大きくして何度も繰り返し読み、丸覚えするのがいうなれば〝機械的記憶術〟で、このように映像的なイメージと直結させて覚える方法が〝心理的記憶術〟といえます。

後者のほうが強力で、持続期間が長期にわたることはいうまでもありませんが、イメージの作成に難しさがあります。

十数年も記憶を持続させたければ後者の心理的記憶術をマスターしなければなりません

が、受験が終わって合格したら忘れてしまっても構わない、というのであれば、機械的な記憶術でも十分でしょう。

いくら何でも円周率が一般常識問題に出題されても、せいぜい3・14あるいは$\frac{22}{7}$を覚えていれば十分です。

一般常識問題に出題される可能性があるものとして、歴史上の主な出来事が西暦何年に起きたのかを覚える語呂合わせを、次に紹介しましょう。

これも単に語呂を合わせるのではなく、イメージを頭の中に思い描きつつ、取り組んでみてください。

もし、それができれば、おそらく何十年でも覚えていることができます。

左端が西暦の年号、中央がその年に起きた出来事、右端がこじつけの語呂合わせという順序になっています。

大半は私が考えましたが、古くからいわれていて誰が考案したものか不明の語呂合わせも相当数、含まれています。

538 ＝仏教が日本に伝わる＝百済の釈迦仏にご参拝
589 ＝隋の中国統一＝隋の統一は五泊の旅
593 ＝聖徳太子が摂政になる＝ゴクミも歓迎、太子の摂政
604 ＝十七条憲法を制定＝群れよ人々、憲法発布
607 ＝小野妹子ら遣隋使派遣＝群れなし向かう遣隋使
610 ＝イスラム教を開く＝無刀で布教するマホメット
645 ＝大化の改新＝蒸し米を焚いて祝う大化の改新
701 ＝大宝律令＝なまる人にも大宝律令
710 ＝平城京＝南東の方角に平城京
720 ＝日本書紀の編纂＝何を書いたか日本書紀
794 ＝平安京へ都を移す＝鳴くよ鶯、平安京
894 ＝遣唐使の廃止＝白紙に戻す遣唐使
935 ＝平将門の乱＝久美子の好きな平将門
960 ＝宋の中国統一＝苦労の末に宋の統一
1016 ＝藤原道長が摂政に＝日の丸色の摂政道長
1086 ＝白河上皇の院政＝入れてやろうか白河の院政
1096 ＝十字軍の遠征＝十字を組む遠征軍
1156 ＝保元の乱＝いい頃を見た平清盛、保元の乱
1159 ＝平治の乱＝人々ご苦労、平治の乱
1167 ＝平清盛が太政大臣に＝統一むなしき平家の隆盛
1185 ＝鎌倉幕府＝いいハコ作ろう鎌倉幕府
1206 ＝ジンギス汗モンゴル統一＝市に鸚鵡のモンゴル

1221＝承久の乱＝人に不意打ち承久の乱

1232＝御成敗式目＝一日に三人を御成敗

1274＝元寇（文永の役）＝人も船酔いの文永の役

1333＝鎌倉幕府滅亡＝遺産散々、鎌倉幕府滅亡

1334＝建武の新政＝一人さみしい建武の新政

1338＝室町幕府＝一味さわがし足利幕府

1368＝明の中国統一＝いざ牢屋に元を入れて明起こる

1392＝南北朝統一＝いざ国をまとめる南北朝

1404＝勘合貿易はじまる＝意志で押してく勘合貿易

1428＝正長の土一揆＝一緒やろう、土一揆

1467＝応仁の乱＝人世むなしき応仁の乱

1492＝アメリカ新大陸発見＝意欲に燃えるコロンブス

1517＝ルターの宗教改革＝以後否とはいわせぬ法王庁

1543＝鉄砲の伝来＝鉄砲は以後、黄泉への近道

1549＝キリスト教の伝来＝以後よく広まるキリスト教

1573＝室町幕府滅亡＝以後、涙の足利義昭

1582＝本能寺の変＝苺屋に殺された明智光秀

1588＝刀狩り＝以後、刃はないよ刀狩り

1590＝豊臣秀吉の全国統一＝戦国丸く治めた豊臣秀吉

1600＝関ヶ原の戦い＝一路おおしく関ヶ原で決戦

1603＝江戸幕府の成立＝人群れ騒ぐ江戸幕府

1637＝島原の乱＝人むざんなり、島原の乱

1639＝ポルトガル船の来航禁止＝色の柵して鎖国完成
1649＝慶安の御触書＝色よく書かれた慶安の御触書
1688＝名誉革命＝広場は歓声、名誉革命
1709＝新井白石の政治＝居直り苦労の新井白石
1716＝享保の改革＝稲色に染まる享保の改革
1772＝田沼意次の政治＝いいな何より、田沼意次
1776＝アメリカ独立宣言＝いいな成ろうぜ独立国家
1787＝寛政の改革＝否、やな反動の寛政の改革
1789＝フランス革命＝火縄くすぶるフランス革命
1804＝ナポレオン皇帝＝威張り押し切るナポレオン
1825＝外国船打払令＝いやに強引に打ち払い
1837＝大塩平八郎の乱＝いや味な人だよ大塩平八郎
1841＝天保の改革＝十六夜に始まった天保の改革
1853＝ペリーの来航＝いや、誤算だよ黒船来航
1854＝日米和親条約＝一夜でゴシゴシ条約作成
1858＝日米修好通商条約＝一番怖い通商条約
1860＝桜田門外の変＝人は群れなす桜田門外
1861＝アメリカ南北戦争＝人は向いててる南北に
1867＝大政奉還＝一夜でむなしき大政奉還
1868＝明治政府の成立＝人はむりやり5カ条の御誓文
1871＝廃藩置県＝いやな人にも廃藩置県
1873＝徴兵令＝いやなみんなの徴兵令

1873＝地租改正＝人は涙の地租改正

1874＝自由民権運動＝いやな世直せと民権運動

1875＝樺太・千島交換条約＝いやな強欲、交換条約

1877＝西南戦争＝いやな内乱、西南戦争

1889＝大日本帝国憲法＝いち早くできた帝国憲法

1894＝日清戦争＝一発急死の日清戦争

1900＝義和団事件＝日暮れ恐ろし中国義和団事件

1902＝日英同盟＝遠くをにらんで日英同盟

1904＝日露戦争＝一つ、くれよと日露戦争

1910＝韓国併合＝遠くとうとう韓国併合

1911＝辛亥革命＝行くがいいさ辛亥革命

1914＝第一次世界大戦＝行く意志あるぞ大戦へ

1915＝２１ヶ条の要求＝一句一語に中国激怒

1917＝ロシア革命＝特異なロシアの共産革命

1918＝米騒動＝人、食いっぱぐれて腹が立つ

1919＝ベルサイユ条約＝行く行くドイツはベルサイユに

1919＝三・一運動＝みいみい行く行く朝鮮三・一運動

1919＝五・四運動＝ごしごし行く行く中国五・四運動

1923＝関東大震災＝遠くに見える地震の業火

1925＝普通選挙法＝選挙に行くのは二十五歳の男子

1925＝治安維持法＝特にごめんの治安維持法

1929＝世界恐慌＝ひどくふくらむ世界恐慌

1931 ＝満州事変＝独裁への道、満州事変

1932 ＝五・一五事件＝戦に向かって軍部の暴走

1936 ＝二・二六事件＝ひどく寒い日、二・二六事件

1937 ＝日中戦争＝いくさ長びく日中戦争

1938 ＝国家総動員法＝いくさやるため、国民総動員

1939 ＝第二次世界大戦＝いくさ苦しい第二次大戦

1941 ＝真珠湾攻撃＝いくよ一路、真珠湾へ

1945 ＝ポツダム宣言＝解く信号はポツダム宣言

1946 ＝日本国憲法交付＝ひどく喜ぶ平和憲法

1949 ＝中華人民共和国の建国＝行くよ来るよ、中国へ

1951 ＝サンフランシスコ条約＝ひどく強引シスコの条約

1955 ＝アジア・アフリカ会議＝行く午後のＡＡ会議

1956 ＝日本の国連加盟＝行く頃合いだよ、国際連合

1964 ＝東京オリンピック＝ひと苦労よ、メダルとるのは

1972 ＝沖縄の復帰＝行くぞ夏には沖縄へ

1973 ＝オイルショック＝ひどく涙のオイルショック

1978 ＝日中平和友好条約＝得なはずだよ、日中条約

1990 ＝東西ドイツ統一＝一緒に潜れ、ベルリンの壁

1991 ＝湾岸戦争＝戦苦で悔いが残る湾岸戦争

1991 ＝ソ連解体＝一級の悔い、共産主義の失敗

1995 ＝阪神・淡路大震災＝行くぞ救護に阪神淡路

1995 ＝地下鉄サリン事件＝遠く救護の道もないサリン

◇語呂合わせ記憶術の弱点

どうだったでしょうか。語呂合わせというのは、無理矢理、数字に語呂をこじつける、という性質上、どうしてもうまくできるものと、さほどではないもの、というバラツキがあります。

うまく語呂が合わさったものは生涯ずっと忘れないかもしれませんが、無理矢理作ったものだと、翌日には忘れてしまう可能性も十分にあります。

特にこの年号記憶のような場合は文章自体がコンパクトで短いので、文章からイメージできる情景も、かなり限定されます。

「935＝平将門《たいらのまさかど》の乱＝久美子の好きな平将門」では、例えば女優の後藤久美子が時代劇で平将門の奥方の役を演じていて……というような情景がイメージできれば、忘れることは絶対ないでしょう。

一九七六年のNHKの大河ドラマ『風と雲と虹と』では、平将門を演じたのが加藤剛でその妻の役は真野響子でしたが。

私は人の顔を覚えるのは得意なので「久美子」と「平将門」という一見不自然な名前でも結びつけてしまうことができます。

「593＝聖徳太子が摂政になる＝ゴクミも歓迎、太子の摂政」でも後藤久美子を記憶術に使っています。

二〇〇一年のＮＨＫのドラマ『聖徳太子』では、聖徳太子（本木雅弘が演じた）の妻で蘇我馬子《そがのうまこ》の娘・刀自古郎女の役は中谷美紀が演じていましたが、これを後藤久美子に置き換えて、ドラマの一シーンとして覚えるわけです。

この方法がベストだとはいいません。

人それぞれ得手不得手があります。ここに述べた方法を参考にして、自分に適した方法を編み出してください。

そんな面倒なことは考えたくない、という人は、機械的記憶術でも十分に資格試験に対応できるはずです。

◆資格試験必須の法律条文の語呂合わせ記憶術

インターネットをよく使う人は「語呂合わせ記憶術」というキーワードでネット検索をかけてみてください。

前述の円周率や年号の記憶法は無論のこと、様々な資格試験に必須の法律条文を覚えるための語呂合わせも次々に引っかかってきます。

「なるほど、そうか！」と感じる人もいれば「どうも無理矢理だなあ」と感じる人もいるはずです。

こういう場合には、自分の感性と合わないコジツケは捨てましょう。覚えることができないし、その場では覚えられたと思っても、フィーリングが合わないとすぐに忘れたり、間違って覚えてしまったりするからです。

インターネットのサイトなどを参考にする場合には、フィーリングに合ったものだけを厳選してください。

そうすれば、けっこう役立ちます。

全然、フィーリングが合わない。自分で考え出すのも、なかなか難しい——という人はあえてイメージ記憶術にこだわる必要はありません。

それでは最後に、本書を手に取られた方が目標の大学入試、就職試験、資格試験などに首尾良く合格されることを祈念して、筆を置くことにします。

速読術、記憶術はイメージと直結させる方法が最も効果的ですから、手っ取り早くは、パソコンのディスプレイ上で訓練するのがベターです。

私はSP速読学院で顧問をしており、SP速読学院では、速読記憶術の独習用コンピュータソフトも販売していますし、新宿・名古屋・京都・大阪の四教室で無料体験レッスンのサービスも行なっています。

SP速読学院

〒604-8187　京都市中京区御池通東洞院東入ル 永和御池ビル403号

TEL=075-253-5585

メールアドレス＝admin@pc-sokudoku.co.jp

ホームページURL＝http://www.pc-sokudoku.co.jp/

各教室の住所は左記のとおりです。

新宿教室＝新宿区新宿4-1-22　新宿コムロビル801号

名古屋教室＝名古屋市中村区名駅3-12-5　竹生ビル別館3F

大阪教室＝大阪市北区梅田1-3-1　大阪駅前第一ビル5F　501-301号

京都教室は上記本部住所に同じ。

問合せTELは0120-784-005で全国共通

最寄りの方は、「本書を読んで速読記憶術のことを知った」と気楽にお訪ねになって、速読記憶術トレーニング用のコンピュータソフトの実物をご自分の目でご確認なさってください。

〔著者略歴〕

若桜木 虔（わかさき・けん）

◎— 1947 年、静岡県生まれ。東京大学大学院博士課程修了。読売文化センター町田、ＮＨＫ文化センター町田にて小説家養成講座の講師を務め、17 名の生徒をプロ・デビューさせている。主著に『作家養成塾』『英単語スーパー記憶術』『“右脳”でラクに覚える英単語』など。『修善寺・紅葉の誘拐ライン』（実業之日本社）が週刊文春『2004 年傑作ミステリー・ベスト 10』第九位。
ホームページは、http://sakka-gr.hp.infoseek.co.jp/email2.html

日本音楽著作権協会（出）許諾第 0706621-701 号

速読記憶術

2007 年 6 月 21 日　　第 1 刷発行

著　者 —— 若桜木 虔
発行者 —— 八谷 智範
発行所 —— 株式会社すばる舎
東京都豊島区東池袋 3-9-7 東池袋織本ビル　〒 170-0013
TEL　03-3981-8651（代表）
03-3981-0767（営業部直通）
FAX　03-3981-8638
振替　00140-7-116563

印刷・製本 —— 株式会社シナノ

落丁・乱丁本はお取り替えいたします

ISBN978-4-88399-640-7 C0030　2007 Printed in Japan